JN025934

そこが知りたい!

事件類型別

紛争解決への決算書活用術

広島弁護士実務研究会［編著］

別冊資料集付き

第一法規

～本書を手に取っていただいている方へ～

「離婚事件で決算書を検討しないといけなくなったんですが、簿記の本を読んでみても、いまいち決算書の見方がわからないんです。」

知り合いの弁護士からこんな悩みを聞きました。仲間の弁護士に同じような悩みがないか尋ねると、それなりに経験年数を経ている弁護士であっても同じような悩みを抱えている方が少なくないことに驚きました。

相談で、交渉で、訴訟で、調停で、私的整理で、さまざまな局面で我々弁護士は決算書をみることになります。法律の勉強は司法試験予備校やロースクールで学んできたけれど、簿記・会計の勉強は教わったことがない。それではと、独学で本を読んで簿記・会計を勉強してみたけれど、目の前の決算書をどう料理すればよいのかわからない。言い換えると、簿記・会計をただ勉強しても業務に活かせる知識にするにはどうすればよいかわからないという悩み。この悩みはどうして生じてしまうのでしょうか。

会計は、会社の利害関係者に対してその会社の財務内容（身体の健康状態）と経営状況（体調）を伝えるためのものです。そして、会社の財務内容・経営状況をきちんと伝えるには、日々の取引をきちんと記録し、集計していく必要があります。その記録をどのように行い、どのようにまとめていくかという方法が簿記・会計です。つまり、簿記や会計をただ勉強するだけでは取引の記録と集計の仕方を勉強するだけになりがちで、結果出来上がったもの（決算書やその他の書類）をどう評価するかという観点で勉強することができていないことが多いのです。それゆえ、迷いが生じてしまうのではないでしょうか。

我々が弁護士として業務中に出会う決算書は「証拠」であることが多いと思います。決算書の検討にあたり、この決算書をこちら側の主張を裏付ける証拠としてどう活かすか、決算書のどこかにこちら側に有用な情報が隠れていないか、事件の類型・性質にあわせ決算書のどこに注意して検討しないといけないのかという視点が求められます。しかし、この視点は一般的な簿記・会計の教材にはなかなか書いていない（書いている本があるかもしれないけどもなかなか見当たらない）ものです。

本書はこのような悩みを少しでも解消できればという観点で書いたものです。みなさまにとって少しでも有益なものとなれば幸いです。

2021年３月

広島弁護士実務研究会

執筆者一同

凡　例

１）内容現在

本書は、2021年３月１日内容現在にて執筆・編集をしています。

２）裁判例の書誌情報事項の表示

裁判例の末尾に、第一法規株式会社の判例情報データベース「D1-Law.com　判例体系」の検索項目となる判例IDを〔　〕で記載しています。

例：最判昭和45・１・22民集24巻１号１頁〔27000747〕

３）別冊決算書資料集中に記載されている人物名・団体名・名称・所在地等は架空であり、実在のものとは関係ありません。

裁判所略語

最	最高裁判所
高	高等裁判所
地	地方裁判所
家	家庭裁判所

判例出典略語

民集	大審院民事判例集、最高裁判所民事判例集
裁判集民	最高裁判所裁判集民事
判タ	判例タイムズ
判時	判例時報
金融商事	金融・商事判例
交通民集	交通事故民事裁判例集

法令名略語

民訴法	民事訴訟法
民訴規則	民事訴訟規則
旧民訴法	平成８年法律第109号改正前民事訴訟法
旧商法	平成17年法律第87号改正前商法

目次

そこが知りたい！
事件類型別
紛争解決への
決算書活用術

第1 総 論

弁護士として知っておきたい
「財務会計に関する基礎知識」をおさらいし、
決算書の読み方、入手方法等について
解説しています。

1 決算書の基礎知識

（１）はじめに～「決算書」と聞いてイメージするものは？～

「決算書」が事業者（会社や個人事業主など）の一定期間の事業の結果を示す会計資料であることはおわかりでしょう。しかし、「決算書」と一口にいっても、人によってイメージする書類の範囲はさまざまです。「決算書」という用語は、法令上の定義がされているものではありません。

本書では、少し多義的に、広くとらえて「決算書」という用語を使います。しかし、特定するために必要となることがありますから、一般に「決算書」と呼ばれることがある会計書類について理解を深めておきましょう。

（２）実務の中で「決算書」と呼ばれることがある会計書類

「決算書」に似た用語として「財務諸表」があります。この「財務諸表」は法令において用いられている用語です。会社法では、計算書類及び連結計算書類と呼ばれています。特に、金融商品取引法に基づき大企業において公表されるべき会計資料が「財務諸表」であるとされています（金融商品取引法193条参照）。具体的には、貸借対照表、損益計算書、株主資本等変動計算書及びキャッシュ・フロー計算書並びに附属明細表等と定義されています（財務諸表等の用語、様式及び作成方法に関する規則１条１項）。

いわゆる会社や個人事業に関して一般的に「決算書」という用語で示される会計書類は、「収支決算書」や「財務諸表」よりも、やや広いものをイメージしている場合が多いようです。一般に「決算書」と呼ばれる会計書類は、貸借対照表及び損益計算書のみを示していることもあります。この２点は「決算書」に必ず含まれるものであり、さらに、株主資本等変動計算書、キャッシュ・フロー計算書及び附属明細表については作成されていればこれに含まれています。これらの財務諸表の基本を構成する書類のほかに、その前提の説明がなされている個別注記表、補助的な書類である勘定科目内訳明細書、特に販売費及び一般管理費（短く「販管費（はんかんひ)」と表現することもあります）の内訳表、固定資産台帳などを含んで「決算書」と呼ぶこともあります。さらに広く、会社であれば法人税の申告書及びこれに付随して作成・添付される書類一式、個人事業であれば所得税の申告書及びこれに付随して作成・添付される青色申告決算書並びに添付される書類一式をすべて含むものをイメージされることもあります。

「収支決算書」という用語が使われている法令は、いくつかあります。法令によって設けられた機関等においては、条文上、「事業報告書及び収支決算書」を作成したり提出したりすることが求められています（たとえば、盲導犬の訓練を目的とする法人の指定に関する規則５条２項参照)。このとき作成される「収支決算書」は、特定の会計年度の収入及び支出並びに会計年度末の財産状況を示す目録で構成されているのが一般的です。

「決算報告書」という用語も法令で用いられています。これは、一般的に、公会計において歳出・歳入の予算書に対して決算の結果を報告するために作成されるものです。公会計において「決算書」と呼ばれる対象は、この決算報告書となります。

さらに、たとえば文部科学省管轄の学校法人の場合、監督官庁に提出すべき書類（＝財務諸表）は「資金収支計算書」、「事業活動計算書」、「貸借対照表」等になり、「決算書」という用語は使われていませんが、学校法人において「決算書」と呼ばれているものは、これらの書類です。

このように、「決算書」という用語は、客観的・画一的な定義をもつものではなく、人によってイメージする範囲がさまざまな用語ですので注意が必要です。

COLUMN

簿記の勉強は必要？

実務に就く前に簿記を勉強していた方がよいかという質問を、司法修習生や若手の弁護士から受けることが多くあります。もちろん、実務法曹として、知っていて無駄になる知識や技術はありません。しかし、異論はあるかもしれませんが、財務諸表の基本的な構造や役割、勘定科目の意味を知るためには、日商簿記３級の学習程度で十分ではないでしょうか。簿記試験は、会計帳簿を正しくつくる能力に主眼が置かれていますが、弁護士等の法曹として求められる能力は、会計帳簿を「つくる」のではなく「読む」ことにとどまります。つくれなくとも、読めればよいので、自主的な簿記の学習だけでも効果があるはずです。もちろん、実際に試験を受けた方が真剣に学習に取り組むことができるという場合は、実際に受験を申し込むとよいでしょう。日商簿記２級以上では、工業簿記・原価計算も試験の対象となります。この知識があって損はありませんが、通常の法曹の業務でここまでの知識が求められることは多くはありません。

また、簿記の試験勉強は技術的な側面が主になります。会計について理論的なベースを身につけるには、会計学に関する入門書を読むことが有益です。

（3）会社における「決算書」のつくられ方

ここからは、特殊な機関や法人ではなく、会社法上の会社のケースを想定します。

ア　会計帳簿を構成する１つひとつの「仕訳」

会社でつくられる会計書類、すなわち、貸借対照表、損益計算書、株主資本等変動計算書、キャッシュ・フロー計算書及び附属明細表の説明に入る前に、それらがつくられるまでの作業に触れておきます。

会社や個人事業主の資産、負債、純資産、費用及び収益が増減する１つひとつの処理のことを、会計処理（仕訳処理）といいます。この中の１つひとつの動きを「仕訳（しわけ）」といいます。

かつては、仕訳伝票といわれる帳票に、ひとまとまりの会計処理（仕訳）が記載されていました。たとえば、800円で仕入れていた商品（資産）を1,200円で売却して売掛金（資産）に変わったときには、

〈分記法による場合〉

借方			貸方	
1,200	売掛金	／	800	商品
			400	販売益

〈売上原価対立法による場合〉

借方			貸方	
1,200	売掛金	／	1,200	売上げ
800	売上原価	／	800	商品

といった会計処理がなされます。

近年では、手書きで仕訳伝票を作成する（「伝票を切る」と表現されます）会社や個人事業主は少なくなり、多くの場合は会計ソフト（記帳ソフト）が使用されています。

会計処理が記載される各種の帳簿を総合して、「会計帳簿」といいます。

イ　会計帳簿を構成するもの

会計帳簿は、主要簿と補助簿に分かれます。

会計帳簿の主要簿は、仕訳帳及び総勘定元帳のことを示します。仕訳帳は、個別の取引によって発生する個々の会計事実について、借方・貸方の双方に勘定科目を設けて記帳されたものです。

総勘定元帳は、仕訳帳に仕訳された勘定科目ごとに、借方と貸方の両面に分けて事業年度中の仕訳をまとめた一連の記録にしたものの総体をあらわします（単に「元帳」と呼ばれることもあります）。

会計帳簿の補助簿は、主要簿以外の会計帳簿を示します。具体的には、現金出納帳、仕入帳、売上帳、手形帳などです。

これらの会計帳簿を用いて、合計残高試算表を作成します。これは、単に「試算表」と呼ばれることが多く、月次及び決算整理で作成されるのが通例です。月次試算表は、仮締めをした決算ですので、減価償却や棚卸しなど期末決算処理によるものが反映されていませんが、進行している事業年度の現状と今後の行く末を経営者や株主が予測するために役立ちます。直近の事業年度末以降の事業の様子をうかがい知ることができるものとして、必要に応じて外部に提供されることもあります。

試算表が12か月（初回の事業年度や事業年度の変更がされた場合は、より短い期間の場合があります）の集計がされたものに対して、事業年度末の決算整理仕訳がされたものが、いわゆる決算書となります。すなわち、決算月の試算表と決算書の大きな違いは、「決算整理仕訳がされているかどうか」という点にあります。

試算表に対して、月々の現預金の出入りと月末の現預金の残高を整理したうえで、将来の運転資金の増減を予測したものが、資金繰り表です。これは、月単位で作成されることが多いのですが、運転資金が非常にタイトになってくると、日単位の資金繰り表を作成する必要が生じることもあります。日ごとの資金繰り表のことを「日繰り表」といいます。

たとえば、「25日に給与と材料仕入代金を支払うと、30日の売掛金入金までの間、現預金残高がマイナスになる」という場合、月ごとの資金繰り表で月末の資金残高をみたのでは資金ショートを起こしていないのですが、日繰り表をみると25日に資金ショートを生じてしまうことがわかります。破産等の手続のために支払停止をせざるを得ない日、あるいは手続費用を捻出する現預金が最も多い日を探るために、日繰り表が必要になります。

〈期中の処理〉

日々の取引

取引先への商品販売や経費の支出等が発生

例：営業が取引先に商品を販売し、営業が経理に伝票類を回付

↓

仕訳・仕訳帳への記載

経理で伝票を整理し、取引を仕訳し、仕訳帳へ記載

↓

総勘定元帳への転記

勘定科目ごとに相手先の勘定科目とともに総勘定元帳へ転記

↓

合計残高試算表への転記（月次の試算表作成をしている会社の場合）

1　総勘定元帳の借方金額の合計を合計残高試算表の借方合計へ転記し、貸方金額の合計を合計残高試算表の貸方合計へ転記

2　総勘定元帳の残高を合計残高試算表の残高へ転記

〈期末の処理〉

合計残高試算表への転記（月次の試算表作成をしている会社の場合）
期中の処理と同じ

↓

決算整理仕訳
棚卸しの実施、貸倒引当金の計算、賞与・退職給付引当金の計算、減価償却、一括償却等の償却、繰延資産の整理

↓

精算表の作成
合計残高試算表と決算整理仕訳を集計

↓

決算書の作成
貸借対照表、損益計算書、株主資本等変動計算書の作成

ウ　会社法に基づいてつくられる「計算書類」

会社法では、株式会社は各事業年度に係る計算書類（貸借対照表、損益計算書、株主資本等変動計算書及び個別注記表）、事業報告並びにこれらの附属明細書を作成しなければならないとされており（会社法435条２項、会社計算規則59条１項）、当該株式会社が有価証券報告書を提出する大会社の場合は義務的に、会計監査人設置会社では任意的に連結計算書類（連結貸借対照表、連結損益計算書、連結株主資本等変動計算書及び連結注記表）を作成することとされています（会社法444条１項、３項）。

これらの計算書類及びその附属明細書は、各事業年度について、会計帳簿に基づいて作成されるものです。

計算書類のうち、主要なものである貸借対照表及び損益計算書、これにキャッシュ・フロー計算書の３つを指して「財務三表」と呼ぶこともあります。それぞれ、Ｂ／Ｓ、Ｐ／Ｌ、Ｃ／Ｆなどと略されます。

ごく簡単にいえば、貸借対照表（Ｂ／Ｓ）はその事業年度末の資産と負債として何をもっているのか、損益計算書（Ｐ／Ｌ）はその事業年度中にどれだけ儲かったか（損をしたか）、キャッシュ・フロー計算書（Ｃ／Ｆ）はその事業年度中の現預金等の増減を示すものです。

「決算書」は、特定の範囲の事業の成果と状況を数値で明らかにするために、事業年度末（決算の時）を基準時としてつくられるものであるといえます。

まずは、「財務三表」と呼ばれる３つの書類の機能を理解しておきましょう。

（４）財務三表の機能

ア　貸借対照表（Ｂ／Ｓ）

「貸借対照表」は、ある一定の時点の「資産」、「負債」、「純資産」の状態を示すものです。たとえば、３月決算（事業年度の始期が毎年４月１日）の会社では、Ｎ年４月１日からＮ＋１年３月31日（この期間を「事業年度」、「決算期」などと呼びます）までの事業年度の決算書の中では、貸借対照表は、Ｎ＋１年３月31日（この日を「事業年度末」、「決算期末」などと呼びます）の営業が終了した時点の資産・負債・純資産の状態を示していることになります。

〈事業年度のイメージ〉

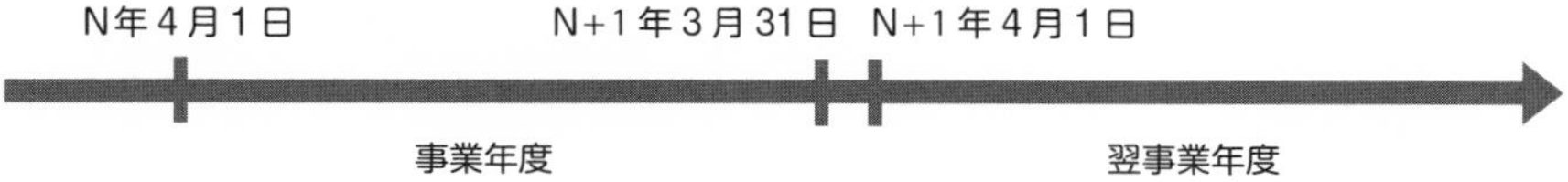

貸借対照表は、資産が左側、負債が右側の上、純資産が右側の下に位置して、左右のバランスが常にとれている表です。そのため、「バランスシート（B／S）」と呼ばれます。

資産は、企業が事業をするのに必要な財産であり、保有している現預金や債権がここに入ります。一般的には、この部分が増えれば企業としては嬉しいことになります。

負債は、第三者に対して将来支払う義務のある債務です。返済義務があることから、「他人資本」とも呼ばれます。負債が増えることは、当然、企業にとっては負担になります。

純資産は、かつて「資本」と呼ばれていた部分です。資産から負債を差し引いた結果ですが、事業開始時から現在までの間に集めた資本金、自己株式等と、企業が蓄積してきた利益（内部留保）をあわせたものになります。負債とは異なり返済義務がないため、「自己資本」とも呼ばれます。純資産が大きい企業は、一般的には体力があるということになります。

〈貸借対照表（B／S）〉

資産	負債
【流動資産】	【流動負債】
現金・預金	短期借入金
売掛金	買掛金
商品	未払費用　…等
貸付金　…等	【固定負債】
【固定資産】	長期借入金　…等
土地・建物	**純資産**
機械装置	【株主資本】
減価償却累計額	資本金
長期前払費用	資本剰余金
投資有価証券　…等	利益剰余金
【繰延資産】	自己株式　…等

イ　損益計算書（P／L）

「損益計算書」は、ある事業年度の「収入」、「支出」の成果を示すものです。N年4月1日からN＋1年3月31日までの事業年度の決算書の中では、損益計算書は、N年4月1日からN＋1年3月31日の営業が終了した時までの1年間の収入（収益）と支出（費用・損失）、これらを差し引いた利益又は損失の成果を示していることになります。

利益は、みる人が分析しやすいように、5種類の段階を踏んで計算されます（損失が計上される場合もありますが、ここでは理解をしやすいように「利益」が出ている場合を想定して説明をしていきます）。

①　売上高から売上原価を差し引いたものが、売上総利益。

たとえば、物をつくって売って得た金額から、物をつくるための経費を差し引いたものです。これを「粗利益」、「粗利」などと呼ぶことがあります。

② 売上総利益から「販売費及び一般管理費」を差し引いたものが、営業利益。

物を売るために間接的にかかった費用（役員報酬や広告費など）を差し引いて、本業でどの程度の利益が出ているかを示すものになります。

③ 営業利益に、営業外収益を加え、営業外費用を差し引いたものが、経常利益。

これは、本業以外の収支を加算減算したものです。たとえば、本業以外の収益がここに入り、銀行に支払った借入れの利息部分や手形割引費用などはここで費用となります。営業利益がプラスなのに経常利益がマイナスである場合は、本業では利益が出ているのに、借入れの負担が重くて儲かっていない状態だということがわかります。

④ 経常利益に特別利益を加えて特別損失を差し引いたものが、税引前当期純利益。

特別利益や特別損失は、たとえば保有資産を処分したり、災害で資産が失われたり、逆に臨時的な損害に対して保険金を受領したりするなど、単発の例外的な処理（経常的ではない処理）をした結果発生した利益や損失です。

⑤ 税引前当期純利益から、法人税・所得税を差し引いたものが、当期純利益。

これが事業者の手元に最後に残る「手取りの利益」ということになります。

なお、利益が出ず損失が出ている場合は、それぞれ「営業損失」「経常損失」「当期純損失」という表記になります。

〈損益計算書（P／L）〉

経常損益	営業損益	売上高 売上原価
		売上総利益
		販売費及び一般管理費
		営業利益
	営業外損益	営業外収益 営業外費用
		経常利益
特別損益		特別利益 特別損失
		税引前当期純利益
		法人税、住民税及び事業税 法人税等調整額
		当期純利益

ウ　キャッシュ・フロー計算書（C／F）

「キャッシュ・フロー計算書」は、その名のとおり、ある事業年度の「お金の出入り」の成果を示すものです。事業年度中に、事業の現金や現金同等物（預貯金など。以下「現預金等」といいます）が期中の営業活動や投資活動、財務活動によってどのように増減したかを示す計算書です。営業キャッシュ・フローは、簡単にいえば、本業で得た現金同等物の損益です。財務キャッシュ・フローは、金融機関や株主からの資金調達に関わる現金同等物の収支です。投資キャッシュ・フローは、設備等の固定資産に投資した際・売却した際の現金同等物の動きです。

損益計算書があれば、事業が「儲かっているか、儲かっていないか」はわかるはずです。これに加えてキャッシュ・フロー計算書をつくる意味は、当該期中の現預金等の増減とその要因（どのセクターで資金の増減があったのか）をみて、事業の実態や継続性（特に資金繰り）をさらに知ることにあります。

損益計算書が示す利益は、たとえば資産の評価の増減や、資産の減価償却をする方法・程度の選択によって、ある程度恣意的な操作が可能です。何らかの意思が加わるということは、実態が正しく示されていない可能性があるということになります。また、会計制度が複雑化するに伴い、損益計算書上の利益と現実の現預金等の増減に差が生じるようになりました。しかし、どんな事業も、現預金等が尽きてしまえば、継続をすることが困難になりますので、現預金等の増減の傾向は事業の継続性を知るためにも重要です。

そこで、現預金等の増減という事実そのものを示すために、キャッシュ・フロー計算書が作成されるようになりました。事業価値を評価するときには、キャッシュ・フロー計算書によって示される現預金等を産む力が重要な指標になります。もっとも、中小企業の決算報告書には、キャッシュ・フロー計算書が添付されていないのが一般的です。

財務諸表は、会社法、金融商品取引法等により作成が義務付けられています。また、税務申告のためにも作成することが必須の会計書類です。作成にあたっては、「一般に公正妥当と認められる企業会計の慣行」により作成されるものとされています（会社法431条）。

これらの財務三表は、１つの会社が正しく記録した会計処理の結果が作成されれば、お互いに齟齬や矛盾がなく、関係性をもって作成できることになります。これが整合しないときは、何かが間違っているか、おかしな操作がされているということになります。

〈キャッシュ・フロー計算書（C／F）〉

【営業活動によるキャッシュ・フロー】
営業収入 原材料又は商品の仕入れによる支出 人件費の支出 賃料の支出　…等 営業活動によるキャッシュ・フロー合計
【投資活動によるキャッシュ・フロー】
有価証券の取得による支出 有価証券の売却による収入 有形固定資産の取得による支出 有形固定資産の売却による収入　…等 投資活動によるキャッシュ・フロー合計
【財務活動によるキャッシュ・フロー】
短期借入金による収入 短期借入金の返済による支出 長期借入金による収入 長期借入金の返済による支出　…等 財務活動によるキャッシュ・フロー合計
現金及び現金同等物の増減 現金及び現金同等物の期首残高 現金及び現金同等物の期末残高

（5）「決算書」の見方・扱い方

決算書は、事業年度末（決算日）を基準日として作成されるのが通常です。特に、貸借対照表は、事業年度末時点の会社の状況を示すものですから、たとえば、2020年４月１日から2021年３月31日までの事業年度の決算書は、「2021年３月期決算書」と称されます。会社の事業年度をもとに、会社の設立からカウントして「第18期事業年度決算書」といわれることもありますが、会社外部の者にとっては事業年度末の年月で特定してもらった方がわかりやすいでしょう。別冊No. 3に掲載しているのは、架空の広島第一工業株式会社の第17期（2020年（令和2年）5月期）の決算報告書、ということになります。

事業年度中の臨時決算日における会社の財産の状況を示すために、臨時決算書が作成されることもあります。なお、破産手続開始決定がなされたときには、決定の日をもって進行中の事業年度が終了し（これを解散事業年度と称します。通常は1年に満たない期間となります）、決定の翌日から本来の事業年度末の日までが1つの事業年度となります（これを第1期清算事業年度といいます。破産手続が終わらなければ、第2期以降も清算事業年度が続くことになります）。

決算書は原則として1つの事業年度ごとに作成されるものですが、事業の伸びや縮小などを中長期的に分析するならば、直近3期分から5期分の「比較貸借対照表」、「比較損益計算書」をみる必要があります。多くの会計ソフトでは、3期比較の決算書をみやすく出力する機能があります。また、特に季節的な利益の変動や傾向のある事業においては、分析のために、月単位の試算表を前年同月と比較することも多くあります。

決算書は、会社であれば、会社法によって作成と株主総会への提出が義務付けられる計算書類です。さらに、会社であれば法人税法の規定により、個人事業主であれば所得税法により、税務署に提出する税務申告書の根拠となります。上場会社等の金融商品取引法によって定められた要件を満たす会社は、有価証券報告書の作成及び金融庁への提出が義務付けられており、決算書を含めて報告する義務もあります（有価証券報告書は公開されており、何人も閲覧可能です）。さらに、特別法によって決算書類等の監督官庁への報告が義務付けられている団体もあります。

（6）決算書と会計帳簿等の保存義務

決算書や会計帳簿等は、作成された後、一定期間は作成した会社に保管（備置）されます。その根拠や期間は書類に応じてさまざまです。

簡潔にまとめると、貸借対照表、損益計算書等の財務三表は会計帳簿閉鎖の時から10年、総勘定元帳や補助簿などの会計帳簿等は決算日から10年の保管期間が定められています（会社法432条２項、435条４項）。その他の書類は、会社法ではなく法人税法・所得税法・消費税法による保管義務が定められており、内容によって７年から10年の保管期間が定められています。

〔兒玉浩生〕

COLUMN

個人事業が「法人成り」をする理由

個人事業として創業し、事業が成長・安定してから法人化するというパターンは多くの事業者にみられます。これを「法人成り」といいます。

法人化することには、大きく分けて、税務上のメリットと、事業上のメリットがあります。ご承知のとおり、有限責任の会社に法人化することによって、持分の保有者かつ経営者となった個人事業主は、もし会社の事業によって多額の負債を抱えたとしても、持分の限りでの有限責任と、会社法429条1項等による対第三者責任を負担すればよいことになります。この点も法律上はメリットであるとはいえますが、会社の最も一般的かつ多額の負債である金融機関からの借入れにあたっては、経営する代表者や筆頭持分権者は連帯保証人となることが条件とされることがよくみられるところであり、実際にはこのようなメリットは限定的です。

税務上のメリットは、まず、何よりも、法人税率が一定であることです。所得税は累進税率が採用されており、最大で45％（住民税をあわせると55％）、法人税は利益に対して一定の税率（法人の種類・規模によって異なりますが利益800万円超の普通法人の実効税率は事業税・住民税を考慮しても約30％）となっています。個人事業主として一定以上の所得額となれば、法人税の税率よりも高くなってしまいます。法人に利益を帰属させることで、税額を低く抑えることができます。また、法人であれば役員報酬として家族に金銭を渡しやすく、ほかにも損金として計上しやすい費用も生じます。

さらに、一定の規模に抑えた法人では、消費税（及び地方消費税）が原則として事業開始から２年間課税されないメリットもあります（もっとも、初期投資が多額である場合など、消費税の還付が見込まれる場合には、還付を受けられるのは課税事業者に限られるため、初年度から自ら消費税課税事業者となることを選択することもあります）。

事業上のメリットとしては、会社であることによる取引上の信用の増大があります。会社といっても千差万別ですし、個人事業のままであるため成長や安定をしていない事業であるわけではありません。しかし、少なくとも個人事業主で屋号を用いているだけでなく法人となっている方が、事業の規模があり、永続性が感じられることが多いのではないでしょうか。加えて、資本性劣後ローンなど法人が対象となる公的な制度融資もありますので、資金調達の幅は法人の方が個人事業主よりも広いといえます。また、創業時の資金調達についてみても、法人は資本金（持分会社では出資金）が自己資本（自己資金）として扱われますので、創業時に資本金1,000万円、預金1,000万円の会社がその後設備を購入するなどして預金が100万円になっても自己資本は1,000万円とみられますが、個人事業主は融資申込時の預金残高が自己資本（自己資金）とみられますので、法人の方が事業性個人に比べ調達しやすいのではないかと思われます。

なお、社会保険の強制適用事業者ではない個人事業の場合（業種によりますが、常時使用する従業員が５人以上の事業所は強制加入となります）、法人化すると従業員の人数にかかわらず社会保険が強制適用される負担があります。

2 決算書と法人税申告書別表等の読み方

（1）法人税申告書別表・法人事業概況説明書

実務上も税務上も、決算書と切っても切り離せないのが法人税申告書別表と法人事業概況説明書です。ところが、決算書にはなじみがあるけれど、法人税申告書別表や法人事業概況説明書に何が書いてあってどんなことが読み解けるのかについてしっかり理解されている方はそう多くないのではないでしょうか。そこで、法人税申告書別表と法人事業概況説明書の内容について以下で概説していきたいと思います。

ア　法人税申告書別表（別冊No. 2 参照）

固定資産を耐用年数に応じて償却する（その資産の評価を減算してその分を費用計上する）ことを減価償却といいますが、その期に行う減価償却に不足が生じているかどうかは貸借対照表をみても損益計算書をみても記載されていません（減価償却に不足が生じているということは、仮に満額の減価償却をしていたらその期の損益はさらに悪化するはずだったということですので、会社の利益実態をつかむために減価償却不足があるかないかを確認しておくことは重要です）。

ところが、貸借対照表や損益計算書に載っていない減価償却に関する情報が法人税申告書別表（以下「別表」といいます）には載っています。

このように、別表を読み解くと会社の実態をより理解できる材料がみつかることがあります。そこで、以下では各別表にはどのようなことが記載されているのか、特に重要な別表に絞って解説をしていきたいと思います。

㋐　別表２「同族会社等の判定に関する明細書」

別表２は同族会社等の判定に関する明細書です。同族会社とは、株主グループの上位3グループの持株等の合計が会社の発行済株式又は出資の総数又は総額の50％を超える会社をいいます。別表2をみると、全株主の住所、氏名、持株割合がわかります。

ここで、別冊No.2の別表2をみてみましょう。株主の構成は、代表取締役鈴木龍馬が1,300株、取締役鈴木翔太（鈴木龍馬の弟）が400株、監査役鈴木ちづる（鈴木龍馬の母）が100株、鈴木ひとみ（鈴木龍馬の配偶者）が100株、鈴木はるか（鈴木龍馬の妹）が100株です。代表取締役の鈴木龍馬の血族（同一グループ）が発行済株式総数の2,000株の全株を保有していますから、広島第一工業株式会社は同族会社といえます。

ところで、会社法で求められている株主名簿を作成していない又は株主の変動があった後も株主名簿を更新していないという会社は現実に存在します。仮に株主名簿が作成されていなくても会社に見当たらなくても、毎年法人税申告書に添付する別表2には同族会社の判定のために各株主の住所、氏名、持株割合の記載が義務付けられていますので、これをみれば株主の状況が一目瞭然でわかります（作業的には、まず株主名簿から管理表を作成し別表2をつくるのが通常だと思うのですが、そもそも株主名簿がきちんと“整備”されていないという会社も現実に存在するのです）。

ただし、事件処理にあたって別表2を参照する場合は、その記載が正当かどうかきちんと検証すべきでしょう。

(イ) 別表4「所得の金額の計算に関する明細書」

別表4は、会計上の利益と法人税法上の所得のズレを調整するための表です。会社の儲け（利益）は会計上の当期利益をみればわかりますが、法人税法上の儲け（所得）は会計上の当期利益とはまず一致しません。そのズレは、会計上の費用・収益が法人税法上の損金・益金と同じではないことから生じるのです。

たとえば、接待交際費は、会計上は販管費ですので全額費用計上され、その分当期利益は減算されますが、法人税法上は“必ずしも”その全額が接待交際費として認められるわけではなく、その一部は損金として否認すべきものとして所得の額に加算される（つまり税金の支払が増える）ことがあり得ます（接待交際費のうち税務上損金不算入となる金額については別表15「交際費等の損金算入に関する明細書」を見るとわかります）。たとえば、別冊No.２の別表４の「交際費等の損金不算入額」は676,012円ですから、同社の接待交際費のうち676,012円は法人税法上認められないものということになります。

(ウ) 別表11（１）「個別評価金銭債権に係る貸倒引当金の損金算入に関する明細書」

別冊No.２に掲載はありませんが、別表11（１）は、会社が法人税法52条１項に基づき貸倒引当金の繰入れを行う場合に、個別評価金銭債権（法人税法上、倒産手続開始の申立てなどの一定の事由により回収不能が見込まれる金銭債権）があるときに使用します。

貸倒引当金を一定の要件のもと無税で繰り入れすることができるのは、資本金若しくは出資金１億円以下の中小企業や銀行等（法人税法52条１項各号に定める法人等）のみであることに注意が必要です。これら以外の会社が貸倒引当金を繰り入れる場合はすべて有税での繰入れとなります。

法人税法上いかなる場合に個別評価金銭債権と認められ、回収不能と評価されるかについては、法人税法施行令96条１項各号に記載されています。

号	個別評価金銭債権として認められる金額
1	「次に掲げる事由が生じた日の属する事業年度終了の日の翌日から5年を経過する日までに弁済されることとなつている金額以外の金額」―「担保権の実行その他によりその取立て又は弁済の見込みがあると認められる部分の金額」 イ　更生計画認可の決定 ロ　再生計画認可の決定 ハ　特別清算に係る協定の認可の決定 ニ　イからハまでに掲げる事由に準ずるものとして財務省令で定める事由
2	「債務者につき、債務超過の状態が相当期間継続」し、かつ、「その営む事業に好転の見通しがないこと」、「災害、経済事情の急変等により多大な損害が生じたこと」等により、当該金銭債権の一部の金額につきその取立て等の見込みがないと認められる場合の、当該一部の金額に相当する金額
3	「債務者につき次に掲げる事由が生じていること」を前提に、「当該金銭債権の額」（債務者から受け入れた金額があるため実質的に債権とみられない部分の金額及び担保権の実行、金融機関又は保証機関による保証債務の履行その他により取立て等の見込みがあると認められる部分の金額を除く。）×50% イ　更生手続開始の申立て ロ　再生手続開始の申立て ハ　破産手続開始の申立て ニ　特別清算開始の申立て ホ　イからニまでに掲げる事由に準ずるものとして財務省令で定める事由
4	「債務者である外国の政府、中央銀行又は地方公共団体」の「長期にわたる債務の履行遅滞によりその金銭債権の経済的な価値が著しく減少」し、かつ、「その弁済を受けることが著しく困難であると認められる」場合の当該金銭債権の額（債務者から受け入れた金額があるため実質的に債権とみられない部分

	の金額及び保証債務の履行その他により取立て等の見込みがあると認められる部分の金額を除く。）×50％

さて、別表11（１）に記載された個別評価金銭債権は回収不能と評価される不良債権であるため、税法上損失計上が認められます。貸倒引当金に大きな変動がある場合は、まず別表11（１）を確認し、会社の取引先の中で倒産している先があるかどうかを確認してみるとよいでしょう。そして、主要取引先がここに記載されていないか、不自然な取引先（その会社が通常取引しないであろう無関係の業種など）が記載されていないか、前期の勘定科目内訳明細書の売掛金欄に記載されていない大きな取引先が記載されていないかといった観点で確認します。

なお、個別評価金銭債権として貸倒引当金の繰入れを行う場合、法人税法上発生事由の発生の事実を証する書類等（法人税法施行規則25条の４）が保存されていることが求められている（法人税法施行令96条２項参照）点には留意が必要です。

㈤　別表11（１の２）「一括評価金銭債権に係る貸倒引当金の損金算入に関する明細書」

別表11（１の２）は、別表11（１）と異なり、個別の金銭債権について貸倒引当金を繰り入れるためのものではなく、会社が有する特定の金銭債権群に対して貸倒実績率（中小企業等の場合は法定繰入率）を乗じたものを貸倒引当金として算出するものです（法人税法52条２項、租税特別措置法57条の９）。

中小企業等の場合は貸倒実績ではなく法定繰入率（例：製造業は0.8％）で計算されますが、大企業の場合は貸倒実績で計算されますので、当期前３年以内に大きな倒産による貸倒れが発生した場合は貸倒引当金をその分大きく計上しなければならない（≒利益を圧迫する）ことになります。

イ　法人事業概況説明書（別冊No. 8 参照）

法人事業概況説明書（資本金１億円以上の法人の場合は、会社事業概況書）という帳票をご存じでしょうか。上記アの法人税申告書別表とは別に、法人税法施行規則35条に基づき法人税申告書に添付されるべき「当該内国法人の事業等の概況に関する書類」として定められており、以下の内容が記載されています。

・法人名	・役員又は役員報酬額の異動の有無
・法人番号	・主要科目
・事業年度	・代表者に対する報酬等の金額
・自社ホームページの有無	・事業形態
・事業内容	・主な設備等の状況
・支店・子会社の状況	・決済日等の状況
・海外取引状況	・帳簿類の備付状況
・期末従事員等の状況	・税理士の関与状況
・PC 利用状況	・加入組合等の状況
・販売形態	・月別の売上高等の状況
・株主又は株式所有異動の有無	・当期の営業成績の概要
・経理の状況	

それでは、法人事業概況説明書の項目をかいつまんでみていきながら、この書類をどう活用すればよいのか、イメージを膨らませていきましょう。

㈠　「期末従事員等の情報」

その会社に在籍している役員と従業員の数が記載されています。法人登記情報をみても代表者の家族が会社の中にどの程度在籍しているかはわかりませんが、「期末従事員等の情報」には「代表者家族数」を記載することになっていますのでこれをみれば役員又は従業員に代表者の家族が何人いるかがわかります（いわゆる一人会社であるかどうかを確認することもできます）。たとえば、別冊No. 8を参照すると、当期末の広島第一工業株式会社は、期末従事員が22名、うち、代表者の家族が5名いることがわかります。

(イ)「役員又は役員報酬額の異動の有無」

これをみれば、（どの役員かはさておき）役員や役員報酬額が変動していることがわかります。事件処理で役員報酬を確認する必要があるときに、「役員又は役員報酬額の異動の有無」が「有」になっていれば、異動前の前期決算書で前年度の役員報酬もみておこうということになります。

(ウ)「決済日等の状況」

これがきちんと記載されていれば（実際はあまりきちんと記載されていません）、売上げの決済日などがわかりますので、執行・保全のときに役に立つのではないかと思われます。たとえば、別冊No. 8を参照すると、広島第一工業株式会社は、売上げの決済日が末日となっていますので、月末日に差押えを検討してみると回収が図りやすくなる可能性があるということになります。

(エ)「帳簿類の備付状況」

会社に備え付けている帳簿の種類が記載されていますので、たとえば事件の相手方がもっている証拠についてアタリを付けることができます。財務的な証拠以外にも営業日誌など定性的な資料の存在が明らかになることもあります。

(オ)「月別の売上高等の状況」

これをみれば、月別の売上げに偏りがないかなどがわかります。決済日と関連してみていけば執行・保全に役に立つかもしれません。また、会社から「期末に売上げが集中したので、期末の売掛金が膨らんで…」という説明がなされることがありますが、本当にそうなのかどうかをこちらでも確認することができます。たとえば、別冊No. 8を参照すると、広島第一工業株式会社は、3月に売上げが集中しているということがわかります。また、同社は不動産賃貸を営んでいますが、当期の不動産収入は1年間変化がありませんので、賃貸状況に変化がなかったということがわかります。

以上のように、法人事業概況説明書には貸借対照表などの財務諸表にはあらわれない記載が含まれており、事件処理に役立つ可能性があるということがおわかりいただけたかと思います。

決算書や法人税申告書の別表は知っているという方でも、法人事業概況説明書は知らなかったという方はおられるのではないかと思いますが(筆者が新人弁護士対象のとある研修を実施した際に、参加者に聞いてみると、半数以上が知らないという結果でした)、一度は目を通しておくことをお勧めします。

(2)決算書を読み解く勘所

ア　決算書を疑え

「決算書を疑え」とは穏やかではありませんが、実際、監査法人が定期的に監査を実施している大手企業ですらその粉飾決算がたびたび世間を騒がせているわけですから、手にした決算書の内容を信用する前に、ちょっと立ち止まってみる必要があるのではないでしょうか。

たとえば、「これが税務申告用の決算書(控)の原本です」と渡されたものでも、本当にそうなのか、金融機関提出用の決算書としてつくられたものではないかという疑念を頭の片隅に置いておく必要があるでしょう。たとえば、税務申告用の決算書と金融機関提出用の決算書が異なっていたり、金融機関に提出する決算書が複数つくられていることもあります。

筆者は、税務申告用の決算書（控）の原本であることかどうかを見極める方法として、税務署の受付印が押されている確定申告書がきちんと添付されているかどうかをみるようにしています。また、TKC全国会提供の「TKCモニタリング情報サービス」（TKC全国会会員（税理士や公認会計士）が作成した月次試算表や年度決算書などの財務情報を、関与先企業の経営者からの依頼に基づき金融機関に開示するクラウドサービス）で金融機関が受領した決算書は、（会社が起票する伝票段階で改ざんされるなど原始的な部分で粉飾をされているおそれはゼロではありませんが）粉飾リスクがかなり少ないものとして考えてよいのではないかと思います。

ちなみに、電子申告に添付された決算書といわれても無条件にそれが本当と信用してよいかという視点も必要です。平成30年度税制改正大綱において、資本金の額又は出資金の額が１億円を超える法人等の令和２年４月１日以後に開始する事業年度等の確定申告書等の提出については、決算書など申告書に添付すべきものとされているすべての書類を含めて電子的に提出することが義務付けられることになりました。それゆえ、このような法人の場合は、電子申告に添付された決算書ですとプリントアウトされた決算書を受け取ることになるわけです。ところが、電子申告の場合は、電子申告の受付を示す頁（ペーパー）とそれ以外の申告書・決算書の頁（ペーパー）が独立しているので、電子申告した決算書を後日違う決算書と差し替えることができます。電子申告でなければ申告書の最初に税務署の受付印が押されており、なかなか偽造しにくいのですが、電子申告ですとこのような細工も容易にできてしまいます。それゆえ、申告された法人税等の申告書に添付されたとされる決算書が本当に法人税等の申告書に添付されたものかという点について、電子申告の場合には無条件に信用しがちではありますが、意外にもそうではないという点に留意が必要なのです。

後でも触れますが、（第三者にバレるかどうかはさておき）勘定科目を不当に調整したり、減価償却を調整したりするなどして、企業実態を反映していない数字をつくることは容易にできてしまいます。

仮に、税務申告用の決算書と金融機関提出用の決算書が同じであったとしても安心はできません。手にした決算書が本当に正しい財務実態を示しているかどうか、常に「健全な猜疑心」をもち続けておくべきであると思います。そこで、ここから決算書を読み解くにあたり留意すべきポイントをいろいろな角度から解説していきます。

イ　簿価と時価

貸借対照表の資産の部に表示されるさまざまな資産はそれぞれ価値があり、具体的な価値が表示されています。しかし、この表示された金額がそのままその資産の決算時点における正味の価値を示しているかというとそうでもありません。この点を時価と簿価という概念を使って説明していきます。

㈠　簿価とは何か

簿価（帳簿価格）とは、それぞれの資産を取得した時の価格です。簿価評価とは、それぞれの資産を取得した時の価格で評価することをいいます。簿価評価をしていると、その資産の取得後に資産の価格が変動しても帳簿上は価値が変わっていないようにみえますので、実態を表していない可能性が高い評価方式といえます。

もっとも、すべての資産について（後述する）時価で評価をするとなるととてつもない労力がかかります。そこで、日本の会計制度では、簿価評価を相当程度許容しています。

(イ) 時価とは何か

時価とは、資産のその時の実勢価格です。少し難しく定義すると、「算定日において市場参加者間で秩序ある取引が行われると想定した場合の、当該取引における資産の売却によって受け取る価格又は負債の移転のために支払う価格」(企業会計基準委員会「時価の算定に関する会計基準」企業会計基準第30号(2019年7月4日)4項(頁))ということになります。

そして、資産を時価で評価する方法を時価評価といいます。その資産に流通市場があれば時価はその市場の価格ということになります。仮にその資産に流通市場がないときは資産ごとに設けられた評価基準(例：企業会計基準委員会「棚卸資産の評価に関する会計基準」企業会計基準第9号(2006年7月5日))に沿って合理的な算定根拠を検討しながら価格を決定します。

資産価値というのはそれが財貨的な価値があるものであれば、通常は市場価格の変動やその資産自体の減耗等により変化していきます。時価評価で資産の価値を評価する場合、通常は各期末に都度その価値を見直していきます(ただし、実際に資産価値の見直しをしている中小企業はさほど多くないかもしれません)。価値を見直すと、その資産の評価損(損益計算書上の特別損失)又は評価益(損益計算書上の特別利益)が発生します。価値が変動する資産を保有しているのに損益計算書上に資産の評価損益が生じていない場合は、その会社では資産価値の見直しがされていない(＝簿価が時価と乖離している)可能性があるので注意が必要です。

〈例〉

期末に有価証券（簿価100万円）の価格が90万円に下落していると…
↓
有価証券は90万円に評価し直して、差額の10万円を評価損として計上する

たとえば、株式が遺産分割や財産分与の対象となっている場合など会社の財務内容を検証する必要が出てくる局面では、各資産の評価方法は簿価評価ではなく時価評価を採用することが一般的です。それは、時価評価が簿価評価よりも実態を表しているからです。

ウ　勘定科目内訳明細書をみてみよう（別冊No. 4 参照）

勘定科目内訳明細書は、貸借対照表及び損益計算書の各勘定科目の内訳を記載したもので、法人税法及び法人税法施行規則によって税務署に提出が義務付けられている書類です（法人税法74条３項、法人税法施行規則35条３号、１号）。具体的には、以下のような事項が記載されています。

〈勘定科目内訳明細書の記載事項〉

科目	記載事項
預貯金等	金融機関名、支店名、種類、口座番号、期末現在高
受取手形	振出人、振出年月日、支払期日、金額、割引銀行名等
売掛金（未収入金）	科目、相手先（名称・氏名、所在地・住所）、期末現在高
仮払金（前渡金）	科目、相手先（名称・氏名、所在地・住所、法人・代表者との関係）、期末現在高

貸付金及び受取利息	貸付先（名称・氏名、所在地・住所、法人・代表者との関係）、期末現在高、期中の受取利息額、利率、担保の内容（物件の種類、数量、所在地等）
棚卸資産（商品又は製品、半製品、仕掛品、原材料、貯蔵品）	科目、品目、数量、単価、期末現在高
有価証券	区分・種類・銘柄、期末現在高（数量・金額）、期中増（減）の明細（異動年月日・異動事由、数量、金額、売却（買入）先（名称・氏名、所在地・住所））
固定資産（土地、土地の上に存する権利及び建物に限る。）	種類・構造・用途・面積・物件の所在地、期末現在高、期中取得（処分）の明細（異動年月日・異動事由、取得（処分）価額、異動直前の帳簿価額、売却（購入）先（名称・氏名、所在地・住所）、売却物件の取得年月
支払手形	支払先、振出年月日、支払期日、支払銀行名、金額
買掛金（未払金、未払費用）	科目、相手先（名称・氏名、所在地・住所）、期末現在高
仮受金（前受金、預り金）	科目、相手先（名称・氏名、所在地・住所、法人・代表者との関係）、期末現在高
源泉所得税預り金	支払年月、所得の種類、期末現在高
借入金及び支払利子	借入先（名称・氏名、所在地・住所、法人・代表者との関係）、期末現在高、期中の支払利子額、利率、担保の内容（物件の種類、数量、所在地等）
役員給与等	役職名、担当業務、氏名、代表者との関係、住所、常勤・非常勤の別、役員給与計（内訳）、退職給与

地代家賃等	地代・家賃の区分、借地(借家)物件の用途、所在地、貸主の名称・氏名、貸主の所在地・住所、支払対象期間、支払賃借料
工業所有権等の使用料	名称、支払先（名称・氏名、所在地・住所)、契約期間、使用料等（支払対象期間、支払金額)
雑益、雑損失等	科目、取引の内容、相手方（所在地・住所)

※実際にはすべての勘定科目内訳が記載されていないこともあります。なお、科目ごとに「摘要」欄に補足的な説明が書かれていることがあります。

各勘定科目の明細を記載したものとしては附属明細書と似たような性質を有しますが、貸借対照表に計上された資産、負債項目の一切の明細が記載される点で勘定科目内訳明細書の方が附属明細書に比べてより詳細に各科目の内容を把握することができます。損益科目についてはすべての勘定科目の明細が記載されず、上記「勘定科目内訳明細書の記載事項」のとおり役員給与等や地代家賃等の特定の科目が記載されますが、こちらも附属明細書にあまり記載されることがない科目の内訳明細を含む詳細な事項が記載されています。

この勘定科目内訳明細書をみれば、どのような相手とどのような条件で取引をしているのか、どの金融機関と取引をしているのか、代表者を含む役員がどの程度の報酬を得ているのかなど、その会社の詳細を知ることができます。決算書というと貸借対照表、損益計算書をイメージされる方が多いと思いますが、この勘定科目内訳明細書はその情報量の多さから、事件処理に大いに活かすことができる資料の１つといえます。

なお、金融機関は融資を行うか否かを検討するにあたり、会社に対し勘定科目内訳明細書を要求し、その内容を詳細に検討します。なかには金融機関に勘定科目内訳明細書を提出しない会社も見受けられますが、金融機関から「何か隠したいことがあるのではないか？」と穿った見方をされることになりますし、また金融機関において行われる信用力の判定（格付けと呼ばれます）においては不利に働くことがあります。

エ　資産科目で留意すべきポイント

(ア)　現預金

皆さんは現預金については決算書に書かれている数値を疑わなくてもよいだろうと思っていませんか。特に、預金については金融機関発行の残高証明書を税理士が確認したうえで決算書を作成することが一般的ですから「手の入れようがないのではないか」と考えるのが普通ではないでしょうか。

目の前にある決算書が、税理士の関与によってきちんと作成されたものであるとすればそうかもしれませんが、税理士が税務申告のために作成した決算書を経営者が勝手に加工することは容易です。また、経営者が、税務申告用と金融機関提出用など用途に応じて決算書をつくり分けているとしたらどうでしょうか。もちろん、そのような場合、決算書の数値はつくられたものであり、正しいものではありません。たとえ預金であったとしても決算書に記載された数値が必ずしも正しいとはいえないのです。

特に現金については、通常、税理士も「現物」すべてを確認しているわけではありません（たとえば、数十店舗あるゲームセンター運営会社の両替用現金の現物を税理士が決算作業の都度確認しているかどうか、ちょっと想像してみましょう。確認している方もいるとは思いますが、なかなか骨の折れる作業です。このようにちょっと想像してみると、現金として計上されている数値が正しい数値であるかどうか、やや疑わしいことがわかるでしょう）。

現物を確認しにくい科目は数値を操作しやすいものです。コインパーキングやゲームセンターなど営業上現金を必要とする業種を除き、現金が異常に多い会社はその値がおかしいのではないかと疑ってみるべきでしょう。

また、ゲームセンター運営会社などの現金中心の商売を行っている会社では、現金残高と売上高を調整することでいわゆる売上除外がなされていることがあります。この場合は、現金の在高が帳簿上の現金残高を上回っているはずです。

会社の現預金について異常を感じたとき、このような不適切な調整が行われているかどうかを確認すべきですが、いったい何を確認したらよいか、会計の専門家でもない弁護士としては悩ましいこともあるでしょう。このようなときに、たとえば以下のようなことをしてみると実態をつかめるかもしれません。

① 金融機関発行の残高証明書を「過年度にわたって」取得し確認する。

② サンプルとして本社の金庫にある手持現金と帳簿残高を整合してみる。

③ 現金出納帳を確認し、日々の現金の入出金の動きを確認する。

④ 売上げで現金を授受したときに現金出納帳に記帳しているか、そのタイミングはどのようになっているか（都度かある程度まとめてか）確認する。

⑤ 多店舗展開している会社の場合、売上げ（現金）を都度銀行の夜間金庫に入れているか確認する。

筆者の経験上、決算書作成時に取得すべき金融機関発行の残高証明書が保存されていない例も見受けられました（そもそも取得されていなかったという可能性も完全には否定できません）。預金通帳や証書だけで預金残高を確認することも可能ではありますが、定期預金や通知預金など多種多様な預金取引がある場合は、金融機関に残高証明書を発行してもらい、きちんと帳簿・決算書と整合しているか確認すべきでしょう。手元に残高証明書がなければ、金融機関は最低でも５年程度の取引履歴データは残していますから、よほど昔のものでない限り欲しい時点の残高証明書を発行してもらうことが可能です。

ちなみに、借入れと預金が両建てで多額に計上されているケースをよくみかけますが、経営者に「なぜ金利を払ってまで預金を積んでいるのか？」と理由を聞いてみると、その経営者の性格や過去の金融機関との関係など、粉飾の有無とは違った視点で有益な情報が得られることもあります。

(イ) 売掛金（未収入金）

売掛金（未収入金）は、取引先に対し販売した商品やサービスの対価の請求権をいいます（もっとも、対価として手形を受け取っている場合は受取手形に計上されます)。

売掛金は、決算書の中でも最も注意して確認する必要のある科目の１つです。一度は架空売上げという言葉を聞いたことはあるでしょうが、粉飾決算ではかなりのケースで売上げが架空計上されています。

〈架空売上げの例〉

	正当値		粉飾後
売上高	100	→	200（+100)
売上原価	40		40
営業粗利益	60		160（+100)

このように、決算書上の売上げの数字を単純に調整するだけの荒っぽい手法も見受けられますが、手が込んでいる場合は取引先を巻き込んで粉飾している場合もあります。粉飾に取引先を巻き込んでいるケースとして、たとえば、大手電機メーカーの調達部担当課長が、取引先（半導体関連企業）から東証マザーズへの上場審査のため売掛金の残高確認書の偽造を依頼され、残高確認書に虚偽を記載し、主幹事証券会社及び会計監査を行う公認会計士事務所からのヒアリングに虚偽事実を回答して粉飾に協力した事例（東京高判平成30・４・12金融商事1544号８頁〔28262082〕）があります。

売上げが架空計上されている場合、一期だけで終わることはまずありません。複数期にわたって売上げが架空計上される結果、売上げがどんどん増加し利益も増加して、一見すると連続増収増益の非常に優良な企業のようにもみえてしまいます。しかし、売上げが増えているのに商品在庫が増えていない、売上げが増えているのに従業員数が増えていない（法人税申告のときに税務署に提出する法人事業概況説明書（別冊No.８参照）の「期末従事員等の状況」をみれば従業員の数は把握できます）など、異常や兆候は至るところにあらわれているものです。

さて、決算書や財務関係書類からさまざまな不正を検証する過程で、まれにみつかるのが循環取引です。そもそも、循環取引とはどのようなものか、ここで確認しておきましょう。

〈循環取引の例〉

1　甲社は商品A（簿価１億円）を乙社に1.1億円で売却する。
2　乙社は商品A（簿価1.1億円）を丙社に1.2億円で売却する。
3　丙社は商品A（簿価1.2億円）を甲社に1.3億円で売却する。

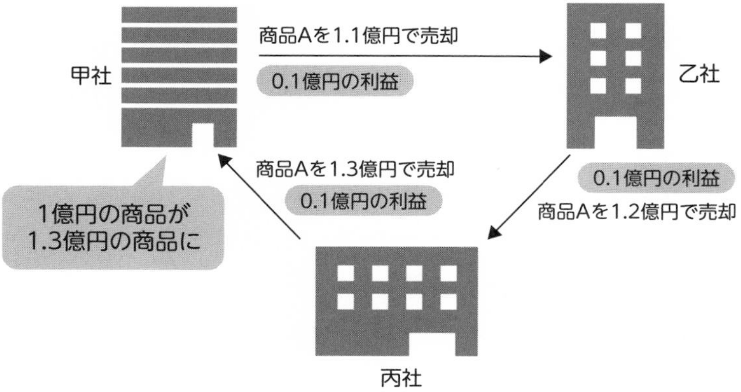

循環取引とは、１つの会社を核に、法人格の異なる会社を介在させ、同じ商品を対象として、少しずつ利益を乗せていきながら、その会社間で“ぐるっ”と回す架空の取引をいいます。商品を「買戻条件付」

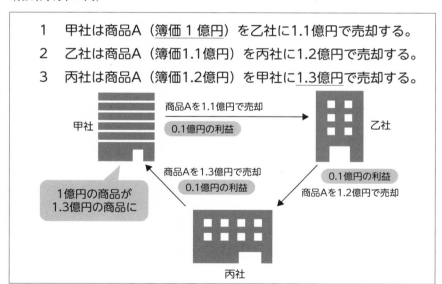

で販売し、しかるべき時期に買い戻す方法（２社間取引）や、「循環取引の例」の図のように甲社がまず乙社に対して商品を販売し、その後、乙社がさらに丙社に販売し、甲社が丙社から商品を買い戻すという方法（複数社取引）等の実例が存在します。

それでは、なぜこのような循環取引に手を染めるのでしょうか。それは、循環取引に参加した会社の売上げ及び利益を水増しできるからです。上記の例でいえば、甲社は売上げ１億円、利益0.1億円を水増しできます（他方で、商品Aの簿価は0.3億円増加します）。また、会社ぐるみで売上げと利益を水増しする意図をもって行われるばかりではなく、たとえば、営業部長が自分の発生させた損失を隠蔽するために又は過酷な営業ノルマに喘ぎ未達の状況を経営陣に申し開きができず、やむなく自己が社長を兼務している関連会社と循環取引をするなど、個々の役員・従業員による個人的な不正であることもあります。このような社内的な不正は、早く気が付けば財務への影響は軽微で済みますが（もっとも、レピュテーション等の問題は別論として残ります）、長年気が付かないと会社の屋台骨を大きく傾けさせてしまう危険があります。

循環取引は、関係者間で商品をぐるっと回すだけで何ら取引の実態がないので、決算書をみていくとすぐに異常を見つけられそうなものなのですが、実際に見つけるのはそう簡単ではありません。関係者が多数にわたっているとその関係者の決算書すべてを検証することは難しいですし、そもそも契約書や注文書・注文請書などはきちんと揃って入出金もきちんとされていると、正常な取引のようにみえることが多いのです。ただし、勘定科目内訳明細書をみると売掛金（未収入金）と買掛金（未払金）に同一の会社が存在したり、関係会社の残高が複数・多額計上されていたり、在庫残高が毎期増加傾向にある中で関連会社への売上げが増加傾向にあるなど、不正を暴く端緒がないわけでもありません。特に関連会社（グループ企業）との取引が多い会社は恣意的な操作が入り込みやすいので留意が必要です。

決算書を注意深く確認し、違和感を抱くような兆候が見つかれば徹底的に調べてみる必要があるでしょう。ちなみに、循環取引が個々の役員・従業員の個人的な動機から発生している場合、特定の事業部門の行う商取引に対するチェックがほとんどなされていないか形式的であることが少なくありません。この点も検証する際に確認すべきでしょう。

〈参考事例〉

・日鉄ソリューションズ事案

「特別調査委員会による調査の結果、『本件取引調査の結果、当社が特定取引先との間で行った複数の取引について実在性が認められず、かつ、それらの各取引はエンドユーザーが存在しない状態で当社を含む複数の会社が介在する形で複数回にわたって循環を繰り返す一連の商流の一部を構成しており、いわゆる架空循環取引と認められた。本件架空循環取引はA社の営業担当であった某氏が主導したもので、当社は、会社としてあるいは社会公共ソリューション事業部として組織的かつ意図的に関与したものではないことに加え、当社の営業担当者にも実在性のない架空取引あるいは循環取引との認識はなく、某氏が主導した本件架空循環取引に巻き込まれたものと認められる。』」（日鉄ソリューションズ株式会社「特別調査委員会の調査結果と業績に与える影響、再発防止策等について」（2020年２月６日）https://www.nssol.nipponsteel.com/press/2020/pdf/200206_1.pdfから引用）

・倉敷紡績（クラボウ）事案

「少なくとも平成21年３月から平成27年５月までの間、取引先に対して製品や生地、生機等を販売するにあたり、一定期間後に買い戻すことを約束するという、買戻し条件付取引を実施していたことが認められた。また、その中でもR社との間の取引については、生地や生機を単純に販売して買い戻すのではなく、一旦クラボウにおいて商品を見本反として処理した上でR社に販売し、その１ヶ月後にR社から同一の商品を購入するという取引を行っていたことが認められた。さらに、S社との間においては、S社に対して買戻しの約束をして販売した商品の一部について、後日、S社において処分をしてもらい、S社が負担した処分費用や損失を他の商品（クラボウがS社から仕入れる商品）の単価に上乗せすることによりクラボウが負担するという処理（処分費等上乗せ処理）を行っていたことが認められた。」（倉敷紡績株式会社「特別調査委員会の報告書受領に関するお知らせ」（2015年11月24日）https://www.kurabo.co.jp/ir/assets/20151124F.pdfから引用）

・伊藤忠ホームファッション事案

「IHFの元社員は、独断で、自身が担当した取引により発生した損失を隠蔽するため、架空在庫を計上し、増加した在庫を処理するために取引先と結託・用意周到な隠蔽工作をし、循環取引を行っていました。」（伊藤忠商事株式会社「当社連結子会社における不適切な取引及び会計処理について」（2015年４月17日）http://www.daisanshaiinkai.com/cms/wp-content/uploads/2015/04/150417_chousa8001.pdfから引用）

(ウ) 仮払金

仮払金は、金銭の支出をしたが、あくまで「仮」で支払ったもので、支払をする目的やその内容が明らかでない場合に一時的に処理する科目です。あくまで「仮」の科目ですので、本来であれば決算時に可能な限りその支払目的や内容を確定させ、適切な科目に振り替えておくべきですが、仮払金がかなり残っている決算書はまま見受けられます。

社長やその他役員への仮払金が計上されている会社は気を付ける必要があります。かなりのケースで、その仮払金は実際には接待交際費として費用計上されるべきものや不適切なリベートなど他の科目に計上しにくい支払であることが多いからです。社長の財布と会社の預貯金の区別がつかない会社は「所有と経営の分離」以前の経営をしているということになります。

仮に費用に計上すべきものを仮払金として資産勘定に計上している場合は、その期における損益が仮払金の金額相当分マイナス計上されるべきであったのにされておらず、財貨的に無価値の資産が計上されていることになります。そのようなことが明らかになれば、その仮払金は不良資産として認識すべきことになるでしょう。

㈤ 棚卸資産（商品・製品・仕掛品など）

棚卸資産とは、会社が販売するために又はその前段階の製造のために保管している物品等のことをいいます。一言で棚卸資産といっても、商品、製品、仕掛品、原材料、消耗品で貯蔵中のものなどさまざまなものがあります。不動産販売業では、販売用不動産も会社が販売するために保管している物品等といえますから棚卸資産です。また、建設業では棚卸資産という表現はあまり使いませんが、期末時点での未完成工事に要した工事原価を集計したものを未成工事支出金として計上しており、これも仕掛品のようなものですので棚卸資産といえます。

さて、棚卸資産は、その財産的価値には変動があり、数字を操作されやすい（＝粉飾に使われやすい）科目であることから、決算書の中でも特に注意して確認する必要のある科目です。

商品、製品、販売用不動産、原材料などは一般に市場価格が存在しますが、その棚卸資産の市場価格が大幅に下落していれば、簿価に計上されている価値が大幅に毀損していることになりますので、実態としては大きな評価損を抱えた状態といえます。また、いわゆる売れ残りは市場価値がかなり低い商品在庫ですから、滞留した棚卸資産、言い換えれば不良在庫と考えた方がよいでしょう。

ところで、商品在庫を帳簿上増えたことにして利益を捻出するというのは古典的な粉飾の方法です。数量を調整するか単価を調整するかのいずれか、又はその両方が操作されていることもあります。商品在庫は各期末に棚卸しをしますが、利害関係者が棚卸作業に同席することはまずありませんし、商品在庫の確認のため倉庫に赴くことも極めてまれです。そうすると、数量をごまかされてもなかなか気が付くことはできません。また、会社が多量多品種の商品在庫を継続的に仕入れている場合、第三者が個別の取得原価を確認することは極めて困難です。そうすると、この点を操作されてもなかなか気が付くことはできません。つまり、在庫を操作されてもそれが１期だけであればバレにくいのです。

もっとも、商品在庫に関しては在庫の滞留期間がどの程度なのかを時系列で意識してみると、異常に気が付きやすいと思います。たとえば、決算書を５期分程度並べてみると、商品在庫が不自然に増え続けているのに、売上げや売掛金はさほど増えていない等の異常に気が付くことがあります。

また、棚卸資産をより詳細に確認する際に公認会計士や税理士の力を借りることもあります。彼らが棚卸資産について決算処理時にどのような確認をしているのかを知ることも有益です（たとえば、以下の裁判例は会計監査人が実施した仕掛品の価値の確認方法を事実認定しており、参考になります）。

・大阪地判平成24・３・23判タ1403号225頁〔28210148〕

被告は、第17期と同様の考えの下、仕掛品の客観的価値の有無を検討することとし、第18期中間期末以降及び第18期期末以降の販売予定が記載された棚卸販売計画又は棚卸資産一覧表を閲覧し、仕掛品の大半が短期間に販売される予定であることを確認し、その後、平成17年10月の売掛金管理表と注文書・検収書・請求書控等との証憑突合をし、また、仕掛品残高が記載されている平成18年４月の受注残高一覧表と売掛金管理表の増加高とを突合して、第18期中間期末及び第18期期末の仕掛品について、平成17年10月及び平成18年４月の販売実績が販売計画を上回っていることを確かめた。

さらに、被告は、平成17年11月及び平成18年５月に販売された仕掛品並びに平成17年12月以降及び平成18年６月以降に販売が予定されていた仕掛品について、経営者確認書に添付された棚卸資産一覧表と棚卸販売計画を入手したところ、販売見込みが乏しい仕掛品はなかった。（※下線、筆者）

(オ) 有価証券

有価証券というと、国債（国債証券）、地方債（地方債証券）、社債（社債券）、株式（株券）などは皆さんも馴染みがあるのではないかと思います。もちろん、これ以外にもたくさんあります。有価証券については法令上さまざまな定義がなされており、法令によりその範囲は微妙に異なっています。ここでは、法人税法の定義を参考にします。

法人税法では、有価証券は「金融商品取引法（昭和23年法律第25号）第２条第１項（定義）に規定する有価証券その他これに準ずるもので政令で定めるもの（自己が有する自己の株式又は出資及び第61条の５第１項（デリバティブ取引に係る利益相当額又は損失相当額の益金又は損金算入等）に規定するデリバティブ取引に係るものを除く。）

をいう」（法人税法２条21号）と定義されています。

金融商品取引法２条１項（定義）に規定する有価証券は、以下のとおりです。

第２条　この法律において「有価証券」とは、次に掲げるものをいう。

一　国債証券

二　地方債証券

三　特別の法律により法人の発行する債券（次号及び第11号に掲げるものを除く。）

四　資産の流動化に関する法律（平成10年法律第105号）に規定する特定社債券

五　社債券（相互会社の社債券を含む。以下同じ。）

六　特別の法律により設立された法人の発行する出資証券（次号、第８号及び第11号に掲げるものを除く。）

七　協同組織金融機関の優先出資に関する法律（平成５年法律第44号。以下「優先出資法」という。）に規定する優先出資証券

八　資産の流動化に関する法律に規定する優先出資証券又は新優先出資引受権を表示する証券

九　株券又は新株予約権証券

十　投資信託及び投資法人に関する法律（昭和26年法律第198号）に規定する投資信託又は外国投資信託の受益証券

十一　投資信託及び投資法人に関する法律に規定する投資証券、新投資口予約権証券若しくは投資法人債券又は外国投資証券

十二　貸付信託の受益証券

十三　資産の流動化に関する法律に規定する特定目的信託の受益証券

十四　信託法（平成18年法律第108号）に規定する受益証券発行信託の受益証券

十五　法人が事業に必要な資金を調達するために発行する約束手形のうち、内閣府令で定めるもの

十六　抵当証券法（昭和６年法律第15号）に規定する抵当証券

十七　外国又は外国の者の発行する証券又は証書で第１号から第９号まで又は第12号から前号までに掲げる証券又は証書の性質を有するもの（次号に掲げるものを除く。）

十八　外国の者の発行する証券又は証書で銀行業を営む者その他の金銭の貸付けを業として行う者の貸付債権を信託する信託の受益権又はこれに類する権利を表示するもののうち、内閣府令で定めるもの

十九　金融商品市場において金融商品市場を開設する者の定める基準及び方法に従い行う第21項第３号に掲げる取引に係る権利、外国金融商品市場（第８項第３号ロに規定する外国金融商品市場をいう。以下この号において同じ。）において行う取引であつて第21項第３号に掲げる取引と類似の取引（金融商品（第24項第３号の３に掲げるものに限る。）又は金融指標（当該金融商品の価格及びこれに基づいて算出した数値に限る。）に係るものを除く。）に係る権利又は金融商品市場及び外国金融商品市場によらないで行う第22項第３号若しくは第４四号に掲げる取引に係る権利（以下「オプション」という。）を表示する証券又は証書

二十　前各号に掲げる証券又は証書の預託を受けた者が当該証券又は証書の発行された国以外の国において発行する証券又は証書で、当該預託を受けた証券又は証書に係る権利を表示するもの

二十一　前各号に掲げるもののほか、流通性その他の事情を勘案し、公益又は投資者の保護を確保することが必要と認められるものとして政令で定める証券又は証書

国債等の有価証券は、会計上、その保有目的に応じ、売買目的有価証券、満期保有目的の債券、子会社株式・関係会社株式、その他有価証券の４つに分類され、計上される科目が異なります。

流動資産	
有価証券	短期保有の目的で購入した有価証券（頻繁に売買して利益を得る目的で保有したもの）、満期保有目的で購入した有価証券のうち１年以内に満期が到来するもの
固定資産	
投資有価証券	満期まで保有する目的で購入した有価証券で満期までの残期間が１年超となるもの等
子会社株式・関連会社株式	子会社・関連会社の株式

有価証券と投資有価証券の違いは上表のとおり、保有目的（短期保有目的は「有価証券」のみ）でまず区分され、満期保有目的のうち満期までの期間が１年以内であれば「有価証券」、１年超であれば「投資有価証券」に区分されます。

ちなみに、実際の決算書をみていると、上表のルールどおりに科目分けをせず、関連会社株式を「投資有価証券」に入れたり、「その他投資等（有価証券以外も含む雑多な投資科目）」に入れたりしている会社をみかけることがあります。流動資産に入れるべきものを固定資産に含めるというような極端な例はともかくとして、勘定科目の選択については多少の自由度があるととらえておいてよいのではないかと思います。

有価証券に関しては、それが金融商品である場合は各決算期末に時価評価することが必要であり、会社がきちんと時価評価をしているかどうかを確認する必要があります。

他方で、満期保有目的有価証券と子会社株式・関連会社株式は取得価額が計上されていますので、実態の価値との乖離がある可能性があります。たとえば、出資している子会社が大幅な債務超過でその子会社株式には全く経済的価値がない場合などです。別冊No. 3 の貸借対照表では、関連会社株式を5,000,000円保有していることがわかりますが、この関連会社株式が実際に価値があるものかどうかは当該関連会社の財務内容等を精査する必要があり、貸借対照表だけをみても判然としないのです。

(カ) 減価償却資産

a　減価償却資産とは

事業のために用いられる建物、建物附属設備、機械装置、器具備品、車両運搬具などの資産は、通常、時の経過とともに劣化しその価値が下がっていきます。このような資産を減価償却資産といいます。

減価償却資産の価値は時の経過とともに減少するため、その価値の減少にあわせて簿価を調整していかないと貸借対照表上の簿価と実態の価値にズレが生じてしまいます。そこで、減価償却資産ごとに当該資産の使用可能期間[1)]を設定し、その全期間にわたり分割して価値を減算し、その相当額を費用として計上します。これが減価償却です（ただし、使用可能期間が１年未満のもの又は取得価額が10万円未満のものはその取得に要した金額の全額を業務の用に供した年に一括して償却します）。

ここで、減価償却費が決算書にどのように記載されているか、別冊No. 3 の決算報告書を確認してみましょう。同社の決算書では減価償却費は損益計算書の「販売費及び一般管理費」（5,815,872円）と製造原価報告書の「製造経費」（6,527,259円）の２箇所に記載されています。

1）使用可能期間にあたるものとして、減価償却資産の耐用年数等に関する省令別表に法定耐用年数が定められています。

すなわち、同社の（会計上の）当期減価償却費は12,343,131円です。

同社のような製造業の場合、製品の製造に関連する減価償却費（たとえば機械など）は損益計算書の「売上原価」のうち「当期製品製造原価」の１項目として計上されます。この「当期製品製造原価」の内訳は製造原価報告書に記載されており、「当期製品製造原価」に含まれる減価償却費は「製造経費」に計上されます。また、製品の製造に関連するもの以外の減価償却費（たとえば車両運搬具など）は「販売費及び一般管理費」として計上されます。なお、製造業以外の場合は通常「当期製品製造原価」が計上されることはありませんから、減価償却費は「販売費及び一般管理費」に計上されるものだけということになります。

法人税法上、減価償却資産については（減価）償却費として計上した金額のうち償却限度額に達するまでの金額については損金算入が認められます。また、償却費以外の科目で損金経理した金額であっても、一定のものについては償却費として損金経理をした金額とみなして取り扱うものとされています[2)]。

少し細かいところですが、上記一定のもの（償却費以外の科目のうち損金経理したとみなして処理したもの）について、税務上の償却限度額を超える場合がままありますが、その償却超過額については別表４で相当額を加算（留保）し、別表16（１）又は別表16（２）に償却超過額を記載して、翌事業年度以降に繰り越します。減価償却の超過額が発生すると翌事業年度以降の各事業年度には償却不足がその分発生することになりますので、当該償却不足額について別表４で「減価償却超過額の当期認容額」として減算を行い調整することになります。

別冊No.２では、別表16（１）の「当期償却額」が4,513,400円、別表16（２）の「当期償却額」が7,367,731円と記載されておりその合計

２）法人税基本通達７－５－１

は11,881,131円となります（この合計は、資産別固定資産減価償却内訳表（別冊No.５参照）の「当期減損損失額、当期償却額」11,881,131円と一致します)。そして、この合計に別表16（７）の「当期の少額減価償却[3]資産の取得価額の合計額」275,000円と別表16（８）の（一括償却[4]資産の）「当期損金経理額」187,000円を加えた総計12,343,131円が、(会計上の)当期減価償却費12,343,131円と一致します。

このように、損益計算書（及び製造原価報告書）と別表はリンクしていますので、相互に確認してみるとよいでしょう。

b　減価償却資産について留意すべきポイント

償却費は費用ですから、順調に利益が出ている会社にとっては節税にもなりますので減価償却をきちんと行っているはずです。ところが、損益が厳しい会社は表面的な利益を出すために減価償却の一部又は全部を行っていないことがあります。

減価償却をきちんと実施しているかどうかを確認するためには、資産別固定資産減価償却内訳表を確認します。「当期償却限度額」に「当期償却額」が満たない場合は減価償却を一部実施していないということになります[5]。

ここで、別冊No.５の資産別固定資産減価償却内訳表をみてみまし

3）青色申告法人である中小企業者又は農業協同組合等で常時使用する従業員の数が1,000人以下（令和２年４月１日以後に取得等をする場合は500人以下とされ、連結法人が除かれます。）の法人が、取得価額が30万円未満である減価償却資産を平成18年４月１日から令和４年３月31日までの間に取得などして事業の用に供した場合には、一定の要件のもとに、その取得価額に相当する金額を損金の額に算入することができます。これを少額減価償却といいます（タックスアンサーNo.5408「中小企業者等の少額減価償却資産の取得価額の損金算入の特例」(https://www.nta.go.jp/taxes/shiraberu/taxanswer/hojin/5408.htm）を参照)。

4）取得価額が10万円以上20万円未満の場合、その資産の法定耐用年数にかかわらず３年間で均等に減価償却することができます。これを一括償却といいます。

5）損益計算書の「販売費及び一般管理費」と製造原価報告書の「製造経費」の欄を確認すれば会社が減価償却を行っているかどうかはわかりますが、減価償却を法定上限まで実施しているかどうかはわかりません。

ょう。車両運搬具のアテンザについては期首帳簿価額も期末帳簿価格も4,250,250円となっており、当期償却額には何ら記載がありませんから、当期は当該資産について減価償却を実施していないということになります。

このように、本来減価償却すべき資産を償却していない場合は、当期の損益を表面上よくみせようという何らかの動機があるとみてよいでしょう。

㈭ 無形固定資産

無形固定資産は、その名のとおり実際には目にみえない固定資産です。無形固定資産の代表的なものとしては、電話加入権、ソフトウェア、特許権、商標権、意匠権などの財産的価値のある目にみえない権利、のれんなどがあります。厳密にいえば投資有価証券や敷金・保証金なども目にみえない固定資産ですが、これらは投資その他の資産として区分されています。なお、これらの勘定科目の区分は「財務諸表等の用語、様式及び作成方法に関する規則」（昭和38年大蔵省令59号）で定められています[6)]。

使用可能期間が１年以上、取得価額が10万円以上の無形固定資産のうち経年で価値が減少する性格のものは原則定額法で減価償却することが求められます。減価償却が適切になされているかどうかは、勘定科目内訳明細書でその権利の内容が減価償却すべき資産かどうかを確認したうえで、別表16（1）を検討することになります。別冊No.2では、別表16（1）をみると同社の保有しているソフトウェアについて当期償却額が992,000円だったことがわかります。

無形固定資産の厄介なところは実体がみえないところです。ですから、事件処理にあたって本当にその無形固定資産が存在しているのか、

6）無形固定資産は同規則27条各号及び28条各号、投資その他の資産は同規則31条各号及び32条１項各号を参照。

存在しているとしてどの程度の実態的価値を有するのかという視点が求められます。たとえば、倒産手続や組織再編の局面では、無形固定資産の実在性の確認とともに実態上の価値をいくらで評価すべきかを必ず検討します。原則としては、その無形固定資産に換金可能な市場が存在する場合にはその市場の実勢価格で評価し、それがない場合には可能な限り相対での調査をします。それらによっても価格の判断がつかない場合はゼロで評価すればよいのではないかと思われます。

それでは、無形固定資産でよく見かけるのれん、ソフトウェアと特許権、実用新案、意匠権、商標権等の知的財産権について個別にみていきましょう。

a　のれん

のれんは営業権とも呼ばれ、優秀な人材によるセールスパワー、営業上のノウハウや特殊な技術力など将来生み出すであろう経済的価値をいいます。まずは、そもそものれんはどのように発生するのか、一例を挙げてご説明しましょう。

A社は、事業戦略上欠かせない類似業種を吸収合併したいと考え、その候補先としてB社をリストアップしていました。B社は、毎期黒字を計上している優良企業ですが、後継者不在のため経営者は事業承継先を探していました。類似業種のA社に合併してもらうのであればシナジーもあり、従業員の雇用も維持できると考えました。そこで、A社とB社は合併をする方向で協議に入る合意をし、早速A社はB社の企業価値を確認することにしました。

企業価値の算定はいろいろな方法がありますが、ここでは簡略にB社の純資産（時価評価した総資産額から総負債額を控除した残額）を企業の価値とします（ちなみにこの計算方式は、非上場の会社の株価算定（相続税評価額の算定）に用いられることがある純資産価額方式という考え方です）。

<table>
<tr><td rowspan="2">資産（時価）
３億円</td><td>負債
２億円</td></tr>
<tr><td>純資産
１億円</td></tr>
</table>

ここで、B社の企業価値は純資産１億円でよいと片付けてしまえば簡単なのですが、そうはいきません。B社の株主としてみるとB社は収益力があって毎年黒字を積み上げており、将来的にもっと価値のある会社になっていることが明らかなので現時点の純資産（１億円）でB社の価値を算定されるのは損ではないかと考えます。そこで、B社の株主は将来B社が得るであろう経常利益の３倍をインセンティブとして企業価値に乗せるのであれば合併に応じるとA社に提案します。このB社の純資産とB社の提案した企業価値の差（＝インセンティブ）がのれんということになるのです。

以上のとおり、のれんが貸借対照表上に計上されている会社は過去に事業譲受や合併等の組織再編をした会社です。組織再編時の会計上・税務上・法務上の処理が適切になされているかどうかは、事件処理において必ず気にすべき点といえます。

のれんは、会計上（IFRSが適用されている企業でない限り）原則として20年以内に償却することになりますが、税務上は償却期間が５年と定められています。税務と会計で償却期間が異なる場合が多いので、別表５（１）「利益積立金額及び資本金等の額の計算に関する明細書」で税務上償却がどの程度進んでいるかを確認します。

さて、のれんは「将来の」被買収会社の収益力を見込んで上乗せされたインセンティブにすぎませんから、上記の例でいえば、仮に「今現在で」B社を清算した場合、その価値はゼロということになるはずです。語弊を恐れずにいえば、将来的には価値が出てくるが今現在においては価値のない資産なのです。そこで、のれんは倒産手続において作成される実態貸借対照表（「実態バランスシート」、略して「実バラ」と呼ばれたりします）においては、価値なしとみなされることが一般的です。

b　ソフトウェア

ソフトウェアは、他社から仕入れて販売するものは棚卸資産として流動資産に計上されます。無形固定資産に計上されるソフトウェアは、自社開発したソフトウェア原本か自社利用目的で購入したソフトウェアになります。なお、自社利用目的で購入したソフトウェアのうち購入金額10万円未満のものは、無形固定資産に計上して減価償却をする必要はなくすべてを消耗品費として経費にすることができますので、通常、少額のソフトウェアは無形固定資産に計上されていません。

ソフトウェアは、税務上償却しなければならず、複写して販売するための原本又は研究開発用のものであれば３年、その他のものは５年で償却することとなります（減価償却資産の耐用年数等に関する省令（昭和40年大蔵省令15号）別表第３及び第６）。

倒産手続におけるソフトウェアの価値算定は、評価が難しいことが多いという印象です。特に自社開発かつ自社利用目的の場合は他への流用可能性も厳しいため、実バラ作成において価値なしと判断されるケースもよく見受けられます。

c　特許権、実用新案、意匠権、商標権

決算書に特許権、実用新案、意匠権、商標権などの知的財産権が記載されている会社について調査する必要がある場合は、まずその権利が実際に登録されているか、その登録内容がどのようなものかを確認します。

調査にあたっては特許情報プラットフォーム（https://www.j-platpat.inpit.go.jp）を使うと簡単に検索ができ、要約、請求の範囲、詳細な説明、図面などが確認できます。

知的財産権の財産的評価については、その価値が高額ではないかと考えられる場合であれば弁理士その他の専門家による評価を依頼することもあるでしょうが、そこまでの費用をかける合理性がなさそうな場合は複数の同業他社へのヒアリング結果を参考にすることも十分あり得るのではないかと思われます。

㈹ 長期貸付金

貸付金は、当初貸付け時に１年以内に返済期限を設定したものを短期貸付金（流動資産）に、１年超のものを長期貸付金（固定資産）に計上します。

通常、定款の目的に「金銭の貸付け」を記載している会社はさほどないと思われます。すなわち、貸付けは、本来、通常の会社にとってみれば例外的な投資活動のはずなのですが、現実にはほとんどの会社の決算書に貸付金が計上されています。このように、本来は例外的な投資活動をしているにもかかわらずそれが恒常化している場合には、貸付金の計上を当たり前とは考えずに、その貸付金に経営者の恣意や会社の行う取引に関する異常があらわれているかもしれないという視点をもち、経営者が行った貸付けの意図を探るため、その貸付けの内容（相手方、期間、金利の有無とその水準）を注意深く確認する必要があるのです。

ここでは、長期貸付金で特に留意すべき２つの視点、ａ長期的に貸付金の明細に異動がない場合（＝貸付金の返済がない場合）、ｂ役員やその家族への貸付金がある場合を確認します。

ａ　長期的に貸付金の明細に異動がない場合（＝貸付金の返済がない場合）

勘定科目内訳明細書（前々期から今期分まで）の「貸付金及び受取利息」の各明細を確認し、長期的に貸付金の明細に異動がない場合、要するに貸付金の返済がない場合については、その貸付金が不良債権化していないかという目線をもつ必要があります（ちなみに、そもそも本当にその貸付けが行われたのか、金銭消費貸借契約書の有無を確認してみると、現実には契約もせずに金銭の貸借をしているケースや違った相手に貸し付けているケースもあったりしますので、勘定科目内訳明細書を鵜呑みすることは危険です）。

最初に確認すべきこととして、借主の信用力と締結された金銭消費貸借契約の返済条件についての精査が重要です。貸付金の返済がない明細があったとしても、当該貸付金の返済条件が期日一括弁済ならば原則として問題はありませんが、返済条件が（定期的な）約定弁済となっているのに返済がないのであれば、当該貸付金は不良債権化している可能性が極めて高いといえます。また、借主が長期間連絡不能な場合や事実上の休業状態である場合などはほぼ不良債権化しているといってよいでしょう。

さて、このように「事実上」不良債権化している貸付金がある場合でも、税務上の個別貸倒引当には該当しない、つまり貸倒引当金を計上しても税務上の損金にできないことから、ほとんどの会社は貸倒引当金を計上していません（なお、破産手続や民事再生手続開始の申立て等の法的整理の場合などは税務上、貸倒引当が一定の範囲で損金として認められるため、適正に貸倒引当金を計上しているかを別表11（1）で確認する必要があります）。

b　役員やその家族への貸付金がある場合

役員やその家族への貸付金がある会社は、まずはその貸付金がなぜ発生したのか、原因を確認し、貸付金が定期的に弁済されているか、ある時払いの催促なしになっていないかを確認する必要があります。

多くの場合、役員やその家族への貸付金は弁済がなく、そもそも、きちんとした返済計画が定まっていないことが多いと思われます。そうであれば、その貸付金は会社にとってはほぼ返済されることが期待薄ということになりますから、事実上不良債権になっているといえます。なお、たまに無金利で貸し付けているケースを見受けますが、きちんと金利を付していないと税務署に指摘される可能性がありますので注意が必要です。

ちなみに、役員又は使用人に金銭を貸し付けた場合、税務上、付利の約定のあるなしにかかわらず利息を計上すべきこととされており、その利息を「認定利息」といいます。認定利息の利率は、会社が他から借り入れて貸し付けた場合はその借入金の利率、その他の場合は貸付けを行った日の属する年に応じた利率（令和２年は1.6%）とされています（タックスアンサーNo.2606「金銭を貸し付けたとき」[7]参照）。認定利息が勘定科目内訳明細書に記載がされている場合は税務調査で税務署に指摘されたことがある場合が多いという印象です。

ところで、役員への貸付金があるということは、役員個人のキャッシュ・フローが滞っているということを暗に示します。役員個人がお金に困り、銀行などから借りずに会社から安易に融通しているということなのです。ちなみに、その役員がなぜお金に困っているのか、役員報酬がそれなりに支払われている場合はなおさらその原因が気になるところです。

オ　負債科目で留意すべきポイント

(ア)　前受金

前受金は、商品を納品する前やサービスを提供する前に顧客からあらかじめ受領した金員です。皆さんは、予備校や英会話学校などに全（半）期分の授業料を一括前払いしたことはないでしょうか。

この一括前払いは、予備校や英会話学校にとってみればサービスをお客様に提供する前（≒売上前）に授業料を受け取っているので、その金額を直ちに売上げとして一括計上することができません。そこで、

7）https://www.nta.go.jp/taxes/shiraberu/taxanswer/gensen/2606.htm

いったん前受金という負債として計上して、実際にサービスを提供し売上げが立てばその前受金を取り崩すという処理をします。

〈仕分けの例〉

授業料の受領						役務の提供（毎月）				
現金	120	／	前受金	120	→	前受金	10	／	売上げ	10

このようにお客様から前受金（例：授業料）を事前に受領することで資金調達ができている会社は、その分銀行から運転資金を借りる必要がなくなるわけです。

〈前受金を資金繰りに使っているケース〉

流動資産		流動負債	
現預金	50	前受金	100
未収入金	10	未払金	10
仮払金	60	短期借入金	30
固定資産		固定負債	
器具備品	20	長期借入金	10
預託金	20	株主資本	
保険積立金	10	資本金	10
		繰越利益剰余金	10
資産の部合計	170	負債及び純資産の部合計	170

さて、本来、前受金は実際にサービスを提供し売上げが立てばその分を取り崩すという性格のものですから、売上げが立つまでに前受金として預かったお金を使ってしまうというのは健全ではありません。

上表をみてください。前受金100に対して現預金が50となっています。差引50はどこに使ってしまったのかとみると、仮払金が60ありますから、前受金を仮払金に使っている可能性が強いということがわかるでしょう。前受金と同額以上の現預金がないということは、その前受金を売上げが立つ前に“使い込んでいる”可能性があるということになります。

仮払金は前述エ(ウ)のとおり、誰に、どういう名目で仮払いされているのかは十分に検証する必要があります。赤字資金の補てんや銀行から借入れができず資産購入等に前受金を流用してしまったなど、真の要因を探ることでその会社の財務状況の変化に気が付くこともあるでしょう。

ところで、予備校や英会話学校など前受金が多額に計上される傾向にある会社は、売上げが伸びれば前受金もそれに応じて増えていくのが自然です。しかし、売上げが伸びているのに前受金が伸びていないのはやや不自然です。

〈前受金が不自然に増えているケース〉

	前々期		前期		当期
売上高	100	→	120	→	144
期末前受金	20	→	24	→	25

売上げが20%伸び、期末前受金も20%増えている（正常）

売上げが20%伸びているのに、期末前受金はほぼ変わりがない（疑義）

このような不自然さに気が付いた場合、その会社が授業料一括前払制を月謝制に変更したとか、別のビジネスを始めてそのビジネスが前受金を受領しないものだった等、商売のあり方が変わった可能性を考えます。

〈売上げの中身が変化した場合の例〉

	前期		当期
売上高	120	→	144
英会話部門	120	→	120
書籍販売部門	0	→	24※

※当期に書籍販売部門を新規立上げ。書籍販売は日銭商売なので前受金は増えない。

仮にそのような変更もないのに、売上げだけ伸びて前受金が増えていないというのであれば、その不自然さを払しょくできないため、粉飾を疑ってみる必要があります。

〔須藤克己〕

COLUMN

個人事業が「法人成り」しているときの留意点

個人事業が法人成りしているとき、その法人（会社）の決算書をみるときに留意すべき点があります。特に、個人事業であった期間がそれなりにあり、法人を設立してから間もないときは、法律上個人に帰属するものと法人に帰属するものが明確に区別されていないことがあります。個人事業のために使用していた屋号付きの個人名義預金口座が法人の勘定科目内訳明細書に挙げられていたり、法人成り以前に発生している個人事業の資産が帳簿に記載されていなかったりします。もちろん、役員に対する貸付金や借入金、仮払金や仮受金が複雑かつ多額に計上されていることもあります。法人成りをするときに、事業に関係する資産負債が個人から法人に法律上有効な形で移転されているとは限らず、決算書をみただけでは実態が判然としないことが多くありますので注意が必要です。

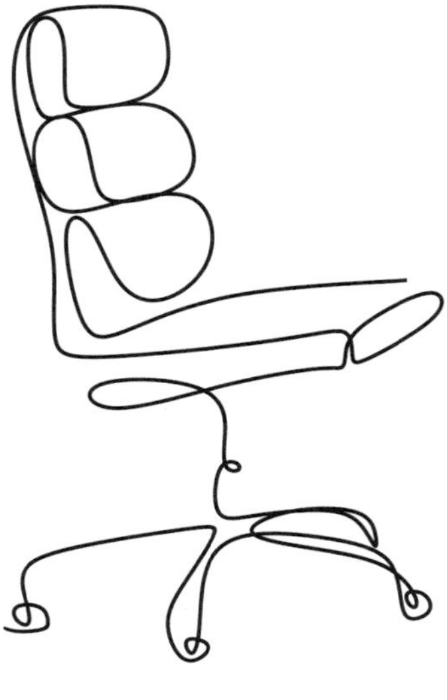

3 証拠としての決算書

（１）決算書から何が読み取れるのか

ア　決算書に書いてあることとその役割

決算書には、会社の資産・負債の内容と動きが記録されています。

決算書の本来の目的は、会社の所有者（株主）、経営者（役員）、利害関係者（取引に入ろうとする者や株主になろうとする者）が会社の現状と優れているところ、問題点・改善すべきところを知り、将来の計画に活かすことにあります。M&Aや倒産・再生の場面では、決算書がこのような目的で使われることになるでしょう。

しかし、一般的な紛争のときに決算書が登場する場面では、M&Aや倒産・再生の場面とは少し異なります。紛争解決のために決算書が使われる目的は、過去の事実を把握して、あるいは事実を証明し、主張を支えたり弾劾したりするためです。

イ　決算書に記録されたもの－作成者の認識－

決算書を構成する計算書類や会計帳簿等はさまざまですが、いずれの書類も、作成者の認識を記録したものです。何らの意図もなく、正しく会計の記録をもとに書類が作成されていることもあれば、何らかの意図をもって作成されていることもあります。具体的には、利益を増やしてみせたいときも、利益を少なくしておきたいときもあるでしょうし、何らかの目的があって本来あるべき処理とは異なる処理をするようになることもあるでしょう。

決算書は、必ずしも機械的な記録ではなく、人間がつくるものである以上は、何らかの意図をもって処理がされた記録である可能性を意識しておく必要があります。

ウ　決算書を利用する者にとって必要な補足や修正

「総論２（２）決算書を読み解く勘所」のように、もしも決算書（貸借対照表）に回収不能な売掛金や価値のない棚卸資産が計上されていたり、減価償却不足が生じていたりした場合、その決算書は会社の本当の実態を反映しているものとはいえません。このように、本来であれば実態の伴わない資産（資産価値のない資産）が資産として計上されているならば、それを補正し評価をし直す作業が必要です。このようにして補正された貸借対照表を「実態バランスシート」といいます。多くの金融機関では、この作業を与信先の企業審査（格付け）時などに実施し、与信判断の基礎にしています。

また、民事再生、会社更生の事件処理の際に、清算価値保障原則という言葉に触れると思います。この清算価値保障原則とは、再生計画、更生計画における弁済率が破産における配当率以上でなければならないとする原則のことです（民事再生法174条２項４号参照）。破産手続よりも経済的に有利な再生計画、更生計画であること（すなわち、破産配当率よりも計画が上回っていること）が、計画案の付議の条件とされています。計画の比較対象となる破産配当率を算出するために、仮に清算を実施した場合における債務者の保有する純資産の価値（清算価値）の検証をすることになります。このときも、決算書（貸借対照表）を清算時の換価見込額に修正した「清算貸借対照表」が作成されます。

ただ目の前にある決算書を眺める、決算書の数字を鵜呑みにするというだけでなく、上記のように決算書を利用する者や場面に応じて必要な補足や修正を加えていくという姿勢が必要となることがあります。

（２）決算書のどこを証拠として提出するのか

ア　証拠として必要な部分と信用性を支える部分

「総論１　決算書の基礎知識」で説明したとおり、「決算書」という言葉は多義的です。相手方や裁判所に決算書を提出するときも、相手方や第三者に決算書の提出を求めるときも、具体的にどの範囲の書類を提出するのか、どの範囲の書類の提出を求めるべきかを考える必要があります。

つまり、「貸借対照表」、「損益計算書」さえ提出されればよいのか、さらに「勘定科目内訳明細書」を含むのか、あるいは「法人税申告書と附属書類（別表、決算報告書、勘定科目内訳明細書、法人事業概況説明書等）」を求めるのか、「総勘定元帳」まで提出を求める必要があるのか、といった判断が必要になります。

イ　提出を求めるべき範囲

提出を求める側としては、情報が多いに越したことはありませんから、なるべく広い範囲で書類を指定するべきでしょう。一方、提出する側とすれば、必要以上の情報を出したくないと考えるでしょう。

交渉・訴訟において提出をする範囲としては、その紛争を解決するために必要な範囲にとどめることが原則になります。会社法に基づく閲覧謄写義務の範囲は限定的です（「総論４　決算書の入手方法」参照）。また、文書提出命令等の手段をとるときも、裁判所は要証事実との関係で必要な範囲にとどめて決定をしようとするでしょう。

一方で、全体あるいは広く一部を示すことによるメリットもあります。計算書類・会計帳簿等は、正しく処理されていれば複数の書類や客観的な証拠（預金口座の入出金や残高、納税証明書等）との間の整合性がとれているはずです。必要な範囲を超える書類を示すことによって、その帳簿類が正しい会計処理によって作成されていることを検証することができます。

事件の相手方が提出したものや、破産管財人等として破産者の作成していたものについて、決算書を疑ってみることは必要ですが、必要以上に相手方提出の書類を疑い続けたり、相手方に疑わせたりすることは、紛争解決のためになりません。提出する側からは書類の信用性を高めるために、提出させる側からは疑念を払うために、検証に必要な書類を添えることも考えられます。

（3）要証事実との関係性

ア　決算書は報告文書である

決算書は、何らかの意思表示が文書によってされたもの（処分証書）ではなく、報告文書です。すなわち、事実に関する作成者の認識、判断等が記載されたものです。処分証書であれば、真正に成立している場合には、特段の事情がない限り、その記載どおりの事実が認定されることとなりますが、報告文書である決算書はそうではありません。真正に成立している場合であっても、その書類が示している事実や、そこにあらわれている法律行為の存在や内容についてまで、その文書から直接に認められるわけではありません。

イ　決算書の作成者は誰か

決算書は、会社にとって必要な業務として作成される書類ですので、一般的にいわれる決算書（会社の機関によって決算承認を受けたもの）の作成者は当該「会社」になります。

一方で、決算書ができるまでの作業には、さまざまな自然人の関与があり得ます。たとえば、日々の商品代金を営業担当の従業員Aが受領して領収証を作成し、領収証の控えと現金を経理担当の従業員Bが受け取って現金出納帳に記録し、経理の主任である従業員Cが会計ソフトに仕訳を入力し、委託先の会計事務所Xの担当者Dが毎月その記録を確認していきます。決算期末を過ぎて決算をするにあたっては、会計事務所の税理士Eが決算処理をして決算報告書を作成し、会社の代表者Fが完成した決算報告書を役員と株主に示して承認を得て、この決算報告書をもとに税理士Eが作成し代表者Fが署名押印をした法人税・消費税確定申告書が事業年度終了の日の翌日から原則２か月以内と定められている申告期限・納期限までに税務署に提出されます。

このように、決算書ができるまでには、多くの人物が登場します。A～Fの誰かの過失や故意によって、事実と異なる記録が残されたり、修正されたりする可能性があります。また、誰かが何らかの意図をもって会計処理の基準を変えることもあります。

そうすると、平時には「決算書の作成者は会社である」といえば済むものであるとしても、決算書の一部の信用性が争われたり、記録から特定の事実が認定できるかどうかが争われたりするときには、決算書ができるまでの個々の過程に誰が関与したのかが重要になることもあります。

（４）書証としての提出の仕方

ア　書類の全部を提出するとき

特定の年度の法人税申告書とその附属書類や、１期分の総勘定元帳など、ひとまとまりの書類の全部を提出するときには、事業年度・期間ごとに１つの書証として提出することが可能でしょう。全体の整合性が検証可能であることから、信用性も担保されやすいといえます。ただし、ページ数が多くなるのであれば写しに通しページ番号をナンバリングして、書面等で参照しやすいようにするべきです。

イ　書類の一部を提出するとき

上記アのようなひとまとまりの書類の一部を提出するとき（たとえば、法人税申告書の申告書部分のみを提出し別表を除くときや、総勘定元帳の一部の科目のみを抜粋するときなど）は、個別の書類にそれぞれ証拠番号を振って提出すべきものとなります。作成日は決算報告書の一部であれば決算日、申告書の一部であれば申告書の完成日か提出日、その他の会計帳簿であればその具体的な完成日か対象期間のあるものは締め日になるでしょう。長期間にわたって徐々に作成される文書については、証拠説明書にその作成期間を示しつつ、何をもって特定の作成日としたのかがわかるように記載すべきです。

ウ　書類の一部を全部であるかのように誤信させる行為

決算書の一部を、さも全部であるかのように提出することは、弁護士倫理上許されるでしょうか。たとえば、法人税申告書に附属している別表（必ずしもすべての別表が作成されているとは限りません）の一部の別表のみを除外して提出する場合です。

このようなとき、証拠の標目「法人税申告書」の「抄本」として提出するのであれば、一部であることが示されているといえますが、「写し(謄本)」として提出すると、これがすべてであると誤信させることになります。文書の変造とまではいえないものの、弁護士として誠実な訴訟活動とはいえないでしょう。また、提出された側は、全体が提出されていない（一部が手元に留保されている）可能性を意識しなければなりません。

仮に一部の別表を裁判所や相手方にみせたくない（あるいは営業秘密やプライバシーに配慮して非公開としたい）場合は、個別の部分に分解して、それぞれに証拠番号を振って提出するか、全体を提出しつつマスキングを行うべきです。

エ　書証として提出したものを第三者に閲覧されたくない場合

民事訴訟に提出された書証は、訴訟記録の一部として閲覧に供されます。民事訴訟記録の閲覧は当事者に限られず、原則として誰でも可能ですので、第三者に閲覧されたくない決算書等を書証として提出するときは、閲覧等制限の申立て（民訴法92条２項）を行います。

閲覧等制限は、訴訟記録中に当事者の私生活上の重大な秘密や、当事者が保有する営業秘密等が記載又は記録されている場合が要件となりますので、決算書にいかなる営業秘密等が記載されているのかを疎明する必要があります。また、秘密記載部分を特定して申立てを行わなければなりません[8]（民訴規則34条１項）。

閲覧等制限の決定がなされると、当該部分の閲覧又は謄写等の請求をすることができる者が、訴訟当事者に限られることになります。しかし、相手方当事者に対しては制限がされませんので、相手方当事者に閲覧謄写等をさせない証拠提出の方法はありません。

（５）決算書の信用性と証明力

ア　決算書の信用性

既に述べたとおり、決算書には人の過失や意図が反映される可能性があり、必ずしも信用できるとは限りません。決算書の信用性を吟味するポイントについては、「総論２（２）ア　決算書を疑え」を参照してください。

決算書全体の信用性を高めたいときは、法人税申告書と附属書類である決算報告書を提出してその数値が整合していること、さらに、その法人税申告書が税務署に確かに提出されたものであることを示します。そのためには、税務署の収受印が押印された控えを提出したり、電子申告である場合は申告書等データの送信後に受領する受信通知を添えたり、電子申請等証明書の交付を受けて添えたりします。さらに必要があれば、その法人税申告によって発生した税金に関する納税証明書（納付すべき税額が記載されたものや、所得金額が記載されたもの）など公的機関が発行する書類と申告書において算定されている税額（法人税申告書（別冊No.２）別表１参照）が合致していることをもって、かなり信用性を高めることができます。

８）閲覧等制限の申立書自体は、何もしなければ第三者の閲覧の対象となってしまいます。したがって、秘密記載部分の特定にあたっては、申立書及び添付書類に当該秘密自体の表示をするのではなく、位置を指定したり、別紙に記載したりしてその別紙についても閲覧制限の対象とするなどの工夫が必要です。

〈法人税・地方法人税の申告書受付確認書の例〉

メール詳細

送信されたデータを受け付けました。
なお、後日、内容の確認のため、担当職員からご連絡させていただく場合がありますので、ご了承ください。

提出先	[redacted]税務署
利用者識別番号	[redacted]
氏名又は名称	株式会社[redacted]
代表者等氏名	[redacted]
受付番号	2020
受付日時	2020/[redacted]/　[redacted]:　:
種目	法人税及び地方法人税申告書
事業年度　自	令和01年[redacted]月[redacted]日
事業年度　至	令和02年　月[redacted]日
税目	法人税
申告の種類	確定
所得金額又は欠損金額	[redacted]円
差引確定法人税額	[redacted]円
欠損金又は災害損失金等の当期控除額	
翌期へ繰り越す欠損金又は災害損失金	
税目	地方法人税
申告の種類	確定
課税標準法人税額	[redacted]円
差引確定地方法人税額	[redacted]円
備考	[redacted]:ダイレクト納付、ATMやインターネットバンキング等による電子納税、クレジットカード納付、QRコードによるコンビニ納付を行う場合は、併せて格納される「納付区分番号通知」を確認し納付を行ってください。

もちろん、作成方法や時期を踏まえて、その書類が通常の業務の過程において規則的、機械的かつ継続的に作成されるものであること、また、体裁や保管状況を踏まえて、後日の改ざんや差替えの可能性が乏しいことなど、作成過程について具体的な主張・立証をすることも重要です。

古い最高裁判決ですが、念書について「反対事情の認められない限り、その記載内容を措信するのを当然とし」、金銭出納帳について「その記載文面及び体裁よりしてとくに反対事実の認むべきもののない限り、その記載どおりの事実を認むるのを当然とし」、漫然とこれらを採用できないとした原審を審理不尽として差し戻したものがあります（最判昭和32・10・31民集11巻10号1779頁〔27002757〕、大阪地裁民事事実認定研究会編『判例からみた書証の証拠力』新日本法規出版（2015年）271頁参照）。

イ　決算書の証明力と具体例

要証事実との関係では、決算書にその要証事実を推認させる記録があることによって、証明に役立てることができます。また、反対に、相手方が主張している事実と矛盾する記載が決算書にあるときには、相手方の主張を弾劾するための証拠となります。特に相手方が作成し又は作成に関与している決算書であるときは強力な弾劾証拠になります。

たとえば、株主同士の株式譲渡契約の有無が争点となるときに、譲渡があったとされる時期の前後の事業年度について、別表２「同族会社等の判定に関する明細書」（別冊No.２）を参照します。譲渡の前後で保有株式数が変わっていれば、譲渡があったことが推認されますし、変動がないのであれば推認されないことになります。そればかりか、譲渡を受けたと主張する当事者がその決算書の作成に深く関わっていたならば、むしろ譲渡がなかったことの証拠（報告文書としての証拠）ともなり得ます。

〔兒玉浩生〕

COLUMN

弁護士等の実務法曹が会計知識を身につけていく方法!?

実務について年数が経つと、自然と会計の知識が増えていきます。交通事故や離婚などを中心にいわゆる「町弁」の業務をしていても、決算書や申告書を証拠として目にすることがあるからです。もちろん、企業法務（特に中小企業）や倒産事件に関わっている方が、より触れる機会が多いでしょう。

問題は、経験をもとにした知識は「必ずしも正しいとは限らない」ことです。実務で目にする決算書や申告書が、公正な会計慣行に従って正しくつくられたものであるとは限りません。経験が少なければ、どれが正しくてどれが間違いなのかを判断する材料が足りないでしょう。事件から得た数少ない経験が、一般的なものなのか、それとも、その事件に特有のものなのかも、判断がつきません。経験の積み重ねだけでは、網羅的で体系的な知識にはなりません。

このような経験を補って正しい知識を身につけるには、1つは体系的な学習をすることが有用です。「COLUMN 簿記の勉強は必要？」にあるとおり、簿記や会計学の勉強をしてみることです。もう1つには、会計の専門家の友人をつくり、頻繁に相談することです。公認会計士や税理士の友人に具体的な事例について意見を聞くことを習慣にすれば、自分の知らないことについて正しい知識を授かることができます。

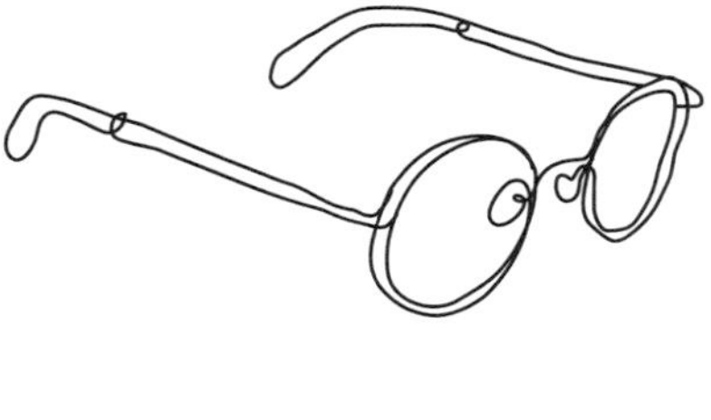

4 決算書の入手方法

相手方が決算書を出さないとき

依頼者が相手方の決算書を保有していない場合、あるいは、保有しているけれどもその内容が正しいものかどうかわからない場合には、相手方の手元にある真正な決算書を提出させたいところです。

中小企業は、会社法に則って決算公告をしている会社ばかりではありません。また、公告に掲載される決算書は大項目の総額が記載される程度で、最低限の情報しかありません。帳簿上の資産超過か債務超過かがわかる程度です（有価証券報告書の提出義務のある会社については、有価証券報告書により詳細な決算書が掲載されていますので、そちらを閲覧すべきです。有価証券報告書はEDINET（金融商品取引法に基づく有価証券報告書等の開示書類に関する電子開示システム[9]）－金融庁が所管する金融商品取引法上の電子情報開示システム－で検索が可能であり、オンラインで閲覧できます）。

9）https://disclosure.edinet-fsa.go.jp

〈官報に掲載されている決算公告の例〉

令和２年10月30日　金曜日　官　報　（号外第228号）　244

決　算　公　告

令和２年10月30日
東京都台東区浅草七丁目９番４号
株式会社ダイユウワークス
代表取締役　坪井　邦彦

貸借対照表の要旨（令和元年12月31日現在）

科目		金額(千円)
資産の部	流動資産	13,433
	固定資産	625
	資産合計	14,059
負債及び純資産の部	流動負債	4,660
	株主資本	9,398
	資本金	10,000
	資本剰余金	1,600
	資本準備金	1,600
	利益剰余金	△2,201
	その他利益剰余金	△2,201
	(うち当期純損失)	(3,358)
	負債・純資産合計	14,059

第45期決算公告　令和２年10月30日
神戸市中央区御幸通三丁目１番３号
岡崎ビル
岡崎インターナショナル株式会社
代表取締役　岡崎　一英

貸借対照表の要旨（令和元年９月30日現在）

科目		金額(千円)
資産の部	流動資産	237,818
	固定資産	34,070
	合計	271,888
負債及び純資産の部	流動負債	19,651
	賞与引当金	2,800
	株主資本	252,236
	資本金	40,000
	利益剰余金	212,236
	利益準備金	10,000
	その他利益剰余金	202,236
	(うち当期純利益)	(17,619)
	合計	271,888

第25期決算公告　令和２年10月30日
福岡県嘉麻市上臼井868番地の２
株式会社岡崎製作所福岡工場
代表取締役　岡崎　一英

貸借対照表の要旨（令和元年12月31日現在）

科目		金額(千円)
資産の部	流動資産	462,799
	固定資産	189,237
	合計	652,037
負債及び純資産の部	流動負債	214,676
	賞与引当金	6,500
	固定負債	60,574
	退職給付引当金	16,365
	株主資本	376,785
	資本金	80,000
	利益剰余金	296,785
	利益準備金	3,300
	その他利益剰余金	293,485
	(うち当期純利益)	(19,236)
	合計	652,037

第41期決算公告　令和２年10月30日
東京都台東区駒形一丁目12番14号
株式会社エムアイシー
代表取締役　鍬形　利哉

貸借対照表の要旨（令和２年７月31日現在）

科目		金額(千円)
資産の部	流動資産	467,704
	固定資産	205,351
	合計	673,055
負債及び純資産の部	流動負債	137,037
	固定負債	15,646
	株主資本	520,372
	資本金	39,000
	資本剰余金	29,000
	(資本準備金)	(29,000)
	利益剰余金	452,372
	(利益準備金)	(4,875)
	(その他利益剰余金)	(447,497)
	合計	673,055

(注)　当期純利益　31,737千円

第48期決算公告　令和２年10月30日
東京都中央区日本橋本町四丁目15番11号
岩月不動産株式会社
代表取締役　岩月　宏昌

貸借対照表の要旨（令和２年５月31日現在）

科目		金額(千円)
資産の部	流動資産	36,499
	固定資産	422,554
	資産合計	459,054
負債及び純資産の部	流動負債	430,658
	固定負債	39,200
	株主資本	△10,804
	資本金	30,000
	利益剰余金	△40,804
	利益準備金	600
	その他利益剰余金	△41,404
	(うち当期純利益)	(9,721)
	負債・純資産合計	459,054

第57期決算公告　令和２年10月30日
東京都板橋区志村一丁目32番18号
イワツキ株式会社
代表取締役　岩月　宏昌

貸借対照表の要旨（令和２年２月20日現在）

科目		金額(千円)
資産の部	流動資産	2,580,674
	固定資産	3,332,561
	資産合計	5,913,235
負債及び純資産の部	流動負債	1,622,780
	固定負債	2,913,110
	株主資本	1,377,345
	資本金	72,000
	資本剰余金	22,355
	資本準備金	22,355
	利益剰余金	1,282,989
	利益準備金	18,000
	その他利益剰余金	1,264,989
	(うち当期純利益)	(87,240)
	負債・純資産合計	5,913,235

（官報　令和２年10月30日（号外第228号）244頁）

有価証券報告書の提出義務がなく、公告に掲載されている情報では不足する場合に、決算書の内容を把握するにはどうすればよいでしょうか。相手方に決算書の提出を求めて、任意に開示されればよいのですが、応じてもらえないときに閲覧謄写をする方法はあるのでしょうか。

ア　株主としての権利（会計帳簿等閲覧謄写請求権）

決算書をみたい会社の株主であれば、会社法433条１項により株主に認められている「会計帳簿又はこれに関する資料」の閲覧謄写請求権があります。この条文によって対象となるのは、会社計算規則59条３項にいう「会計帳簿」（計算書類及びその附属明細書の作成の基礎となる帳簿）、具体的には、仕訳帳、総勘定元帳、現金出納帳、手形小切手元帳等と、「これに関する資料」である伝票、領収証、契約書、信書等です。

会社法433条１項に基づいて法人税申告書の控えを閲覧謄写すること

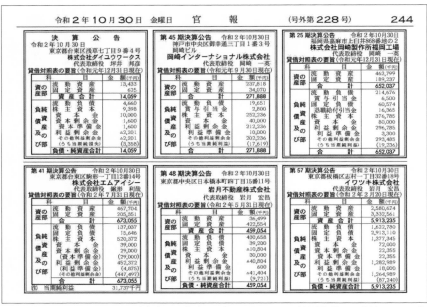

ができるか否かについては、否定する裁判例があります（会社法施行前のものですが、大阪地判平成11・3・24判タ1063号188頁〔28061014〕）。また、勘定科目内訳明細書についても、会計帳簿にあたらないとした裁判例があります（名古屋地決平成24・8・13判時2176号65頁〔28211200〕）。これに対して有力な反対説として、会計監査人及び監査役の閲覧謄写権限の対象となる「会計帳簿又はこれに関する資料」（会社法389条4項、396条2項）と同様に解釈して、会社の会計に関する一切の帳簿・資料が対象に含まれるとする考え方もあります（江頭憲治郎『株式会社法〈第7版〉』有斐閣（2017年）708頁）。いずれにしても、決算書に限られない会計資料を任意に閲覧謄写できる可能性がありますので、有用な手段となります。

会計帳簿等の閲覧権を行使できるのは、総株主の議決権の100分の3以上又は発行済株式の100分の3以上を有する株主に限られますが、請求する株主複数の合計で要件を満たせば足ります。なお、持株比率の要件は、閲覧謄写請求の時点だけでなく、閲覧謄写する時点でも満たされていなければならないとされています。

会計帳簿等の閲覧謄写請求をする場合、請求理由を明らかにする必要があります。また、対象とする会計帳簿及び資料の範囲を明示して行う必要があります。後記のような仮処分・判決の主文における特定例が参考になりますが、閲覧謄写を求める立場からは、当初は関連する可能性のある広めの範囲を指定して請求するのが通常でしょう。

会計帳簿の閲覧謄写請求に対して、会社が拒絶することができるのは、会社法433条2項各号に掲げられている以下のいずれかに該当する場合です[10)]。

1号　株主が権利の確保又は調査以外の目的で請求を行っているとき

2号　請求者が会社の業務の遂行を妨げ、株主の共同の利益を害する目的があるとき

3号　請求者が会社の業務と実質的に競争関係にある事業を営み、又

はこれに従事するものであるとき

4号　請求者が閲覧・謄写によって知り得た事実を利益を得て第三者に通報するため請求したとき

5号　請求者が過去2年以内において、閲覧・謄写によって知り得た事実を利益を得て第三者に通報したことがあるとき

なお、10年間の保存期間（会社法432条2項）を経過した後の会計帳簿等については、現存する限り閲覧謄写の対象となるとも考えられますが、裁判例では否定されています（旧商法282条2項に関する東京地判昭和55・9・30判タ434号202頁〔27411971〕）。

会社が法律上の理由なく拒絶する場合や、拒絶する理由が相当でないと考えるとき、あるいは、範囲の限定が不相当であると考えるときは、閲覧謄写を求める者は、仮処分（満足的仮処分）申立て又は訴訟によって閲覧謄写を求めることになります（非訟事件ではありません）。事前

10）　会社法433条2項3号に関して、旧商法の適用される事例ですが、株主から会社に対する会計帳簿等の閲覧謄写請求に対し、会社がこれを拒絶するための要件を判断したものとして、最決平成21・1・15民集63巻1号1頁〔28150150〕があります。この決定では、会計帳簿等の閲覧謄写請求を拒絶するためには、当該株主に会計帳簿等の閲覧謄写によって知り得る情報を自己の競業に利用するなどの主観的意図があることを要しないものとされました。すなわち、この条項は、会社に損害が及ぶ抽象的な危険を未然に防止しようとする趣旨で設けられたものであり、株主の主観的な意図は立証困難であることから、当該株主が当該会社と競業をなすものであるなどの客観的事実が認められれば、閲覧謄写によって得られた情報が将来において競業に利用される危険性は否定できず、一律に拒絶をするに足りるとされたものです。なお、複数の株主が閲覧謄写請求が可能な保有株式数を有しているときには、同時に閲覧謄写請求がなされているとしても、それぞれについて拒絶理由の検討がなされるものとされています。

会社法433条2項2号に関して、東京高判平成28・3・28金融商事1491号16頁〔28241510〕では、株主からの会計帳簿等閲覧謄写請求に対して、請求の理由との関係で既に必要な会計帳簿等の開示を受けていると認められる事実関係の下においては、さらに他の会計帳簿の閲覧謄写を求めることは、不必要に多数の会計帳簿の閲覧謄写を求めるものであって、会社法433条2項2号所定の拒絶事由がある（すなわち、会社の業務を妨げるものである）と認めることができると示されています。

権利能力なき社団に関する会員の会計帳簿等閲覧謄写請求権について判断された事例として、大津地判平成20・10・17判タ1309号207頁〔28154054〕があります。

に閲覧謄写を請求して拒絶されることは要件とされていませんので、会社が拒絶することが明らかであるとか、急を要するときには、直接に仮処分申立て・訴訟提起をしてもかまいません。

閲覧謄写請求ができる要件があることは株主に立証責任があり、拒絶理由のあることは会社に立証責任があります。

対象とされる会計帳簿等が現存していることは閲覧謄写請求の請求原因であり、原告・申立人債権者が立証責任を負います。もっとも、法律上作成又は備置が義務付けられているものや、法人税の確定申告をしているならば当然作成されているものについては、保管期間中においては現存していることが推認されます。

裁判所は、閲覧謄写請求の要件があると認め、拒絶理由があると認められない範囲に限って、閲覧謄写請求権を認めます。したがって、仮処分及び判決においては、会社の一定の取引や行為に関連性のある会計帳簿等（具体的な資料）を限定した主文となります。一方、仮処分申立てや訴訟提起の時点では、会社の内部においていかなる標目の書類が作成・保管されているか株主には知り得ないこともありますので、ある程度概括的な記載によって特定するほかありません。

〈主文において引用する目録の例〉

・名古屋地決平成24・8・13判時2176号65頁〔28211200〕 別紙三記載の行為と関連性のある同債務者の総勘定元帳（電磁的記録をもって作成されている場合には電磁的記録を含む。）及び総勘定元帳を作成する材料となった契約書、信書、請求書、覚書、領収書、発注書、納品書、請書等の資料（上記資料が電磁的記録をもって作成されている場合には電磁的記録を含む。）

・東京高判平成28・3・28金融商事1491号16頁〔28241510〕
1　平成17年3月1日から平成18年9月30日までの期間についての定期積金元帳、定期預金元帳及び普通預金元帳のうち、有限会社丙川及び株式会社甲田に対する資金の移動に関する部分
2　平成17年9月1日から同月30日までの期間についての現金元帳、売掛金元帳、長期貸付金元帳、短期貸付金元帳及び立替金元帳のうち、有限会社丙川及び株式会社甲田に対する財貨の移動に関する部分

仮処分決定又は確定判決に対しても応じない場合の執行方法は、直接強制・代替執行によることはできず、間接強制の方法によるほかないとされています。会計帳簿等閲覧請求権は、有体物である会計帳簿の引渡請求権ではなく、会社が会計帳簿等を一時的に提示し、閲覧謄写の場所を提供する作為と、閲覧謄写を妨害しないという不作為を求める権利であると解釈されているためです。これに対して、会計帳簿等の閲覧等を命じる判決又は仮処分は、会社に対し閲覧等をさせるという作為を命ずるものであるため、代替執行と間接強制が考えられ、いずれの方法によるかは債権者の選択による（民事執行法173条1項）が、間接強制では目的を達することができないため代替執行によることになる、とする見解もあります（新谷勝『会社訴訟・仮処分の理論と実務〈増補第3版〉』民事法研究会（2019年）709頁）。

なお、旧有限会社法に基づくものですが、間接強制が命じられた事例として、大分地佐伯支判平成6・8・31判時1517号152頁〔27826602〕（間接強制決定同支決昭和61・9・22（昭和61年（ヲ）第45号）公刊物未登載）があります。この事件では、1日あたり5,000円の間接強制金が定められています。なお、この事例では、株主は当該会社から「整理されていない段ボール2、30箱を示され、うち2箱のみを持ち帰って検討したが、途中1時間で返すように催促を受け返還を余儀なくされ」、

肝心な部分の売掛台帳が欠落しているなどの状況に照らせば閲覧・謄写させたと評価するためには疑問がある、としている点が参考になります。

会社法434条により、裁判所は訴訟当事者に対して、申立てにより又は職権で、「会計帳簿の全部又は一部」の提出を命ずる「ことができる」とされています。また、「計算書類及びその附属明細書の全部又は一部」（会社法443条）、「計算書類の全部又は一部」（会社法619条）、「商業帳簿の全部又は一部」（商法19条４項）についても同様に裁判所の職権による提出命令を認めています。

これらは、訴訟当事者が株主・利害関係者等ではなかったとしても、裁判所が真実発見のために提出を命じることができる旨を定めたものです。

COLUMN

取締役等の役員に会計帳簿等の閲覧謄写権限はあるか

株主ではない取締役においても、業務執行又は会計監査の権限をもとに、必要な範囲で会計帳簿等の閲覧謄写が可能であると考えるべきでしょう。旧商法時代の裁判例として、株主でない取締役については、その職務の性質上、職務に必要な限り会社の会計帳簿等の閲覧謄写を求める権限を有すると解すべきであるとされた名古屋地決平成７・２・20判タ938号223頁〔28172968〕、名古屋高決平成８・２・７判タ938号221頁〔28021169〕があります。

一方で、事案の具体的な判示がなく、請求の必要性も示されているとはいえないため１つの事例にとどまりますが、東京地判平成23・10・18金融商事1421号60頁〔28212379〕は、「確かに、取締役が、その会社に対する義務である善管注意義務及び忠実義務を十全に尽くすためには、通常、会社の会計帳簿等を少なくとも閲覧し得ることが必要であるということができる」としつつ、会社が「正当な理由なしにこれを拒む場合において、当該不当拒絶により取締役の義務の履行が不能となったときには、その履行が不能となった義務の違反に基づく取締役の責任が会社又は第三者から追及される局面において、当該不当拒絶の事実を取締役のために斟酌し得るものと解すれば足り、取締役の利益が不当に損なわれることがないようにするために、訴えをもって履行を求めることができる権利としての取締役の会計帳簿等閲覧謄写請求権をあえて観念するまでの必要はなく、相当でもない」として取締役の会計帳簿等閲覧請求を棄却しています。

株主でない監査役（会計監査に権限が限定されている場合）についても、会社法389条４項により、会計帳簿又はこれに関する資料の閲覧謄写の権限が与えられています。

イ　株主・利害関係者としての権利（計算書類等閲覧謄写請求権）

株主以外の利害関係者には、会社法に基づく会計帳簿等の閲覧謄写請求権がありません。

しかし、会社の株主・債権者は、計算書類・事業報告及びこれらの附属明細書の書面、電磁的記録の閲覧、謄本又は抄本の交付の請求をすることができるとされています（会社法442条3項）。会社は、過去5年間の計算書類等の備置義務があります（会社法442条1項）ので、その備置期間内の書類が対象となります。

それでは、株主・債権者から、計算書類等の閲覧と謄本交付の請求を受けたときには、会社は拒否することができず、応じなければならないのでしょうか。

会社は、営業時間内に口頭又は書面により計算書類等の閲覧等の請求があれば、法律上費用の請求ができる場合に費用を支払わないときを除き、拒絶することができません。また、株主・債権者が請求するにあたって、理由を明らかにする必要もありません。

株式会社が株主・債権者の請求を拒絶した場合、株主・債権者が裁判所に対して計算書類等の閲覧等の請求の訴えを提起することが考えられます。なお、この訴訟の被告は、通常は会社ですが、会計参与設置会社においては会計参与となることに留意が必要です（会社法378条2項）。

また、会社法442条に違反して計算書類等の備置をせず又は正当な事由なくして閲覧等の請求を拒絶した取締役・執行役には過料の制裁があります（会社法976条4号、8号）。

計算書類の内容は会社計算規則57条ないし116条に、計算書類の附属明細書の内容は会社計算規則117条に定められています。事業報告の内容は会社法施行規則117条ないし126条に、事業報告の附属明細書の内容は会社法施行規則128条に定められています。申告書及び別表や勘定科目内訳明細書は、計算書類の対象ではないとされています（閲覧謄写仮処分申立てにおいて、勘定科目内訳明細書は会社法442条3項の対象となる計算書類に含まれず、会社法上の会計帳簿にも含まれないとして却下された事例として、名古屋地決平成24・8・13判時2176号65頁〔28211200〕があります）。

しかし、書類を会社法及び規則に忠実に沿って作成・分類していなかったり、閲覧謄写の義務の範囲を誤解していたりすると、請求を受けた会社が法令及び裁判例において義務付けられた範囲を超えて、申告書の写しや勘定科目内訳明細書をそのまま開示することもあります。任意に広い範囲の開示を受けることができれば依頼者の利益や真実発見に資することがありますので、請求する側は広い範囲で請求することも戦略としてはあり得ます。逆に、会社は請求されている対象が計算書類等として閲覧謄写をさせる義務の範囲外に及んでいるのではないか、吟味したうえで、反論する必要があります。

もっとも、紛争の早期解決の観点から、会社が対象外の資料についても任意に開示して、共通理解のもとで交渉・協議を行うべき場面もあるでしょうし、訴訟中に裁判所がそのような観点から当事者に開示を促すことも考えられます。

ウ　その他の方法により裁判外で決算書を入手する方法

利害関係者としてY会社に対して決算書の閲覧謄写を求めたいXは、上記イのとおり法令上の請求権の対象とならない限り、Y会社には直ちにこれに応じる義務はありません。また、株主・債権者としての請求権の対象ではない会計帳簿等についても、Y会社は上記イの法令による請求に応じる義務がありません。

そこで、Xが、Y会社の決算書を入手したいと考えたとき、全く利害対立のない第三者の機関・会社・団体等であるAが保有しているY会社の決算書をY会社に知られることなくAから入手できれば、Xにとっては非常に有益です。

そこで、XがAに対して任意の回答を求める照会をすることが考えられます。Aにおいて、Y会社との個別の取引関係・債権債務に関する会計上の情報の照会を受けたときに、Y会社の個人情報や営業秘密について保護する必要がないと考えた場合は、任意に個別の事項を回答することも考えられます。しかし、任意の開示を期待して、どのような場合であってもやみくもに閲覧謄写を求めてみるべきであるとは限りません。たとえば、債権者であるXが、債務者であるY会社と取引があり債権を有していると思われるAに対して、債権差押えの実効性があるかどうかを判断するために、債権額や支払条件などを照会する場合です。営業上の秘密として回答がされないばかりか、照会先のAが債務者Y会社に対して照会のあったことを漏らし、Xによる回収がかえって困難になることもあり得ます。事案や照会先の性質に応じて慎重な検討が必要です。また、照会にあたってその理由を照会先にどの程度開示するのか（必要性を示すために紛争の内容まで開示してもいいのか等）についても、考慮しておく必要があります。

知りたい決算書を保有している第三者に対して、任意の回答を求める照会をしても回答が得られないかもしれません。その場合、その第三者に対して弁護士法23条の２に基づく照会（以下「23条照会」といいます）を用いる方法が考えられます。

照会先の選定、すなわち、入手したい当該会社の決算書がどこに存在するのかについては、会社の決算書が通常どこに提供されているかを想像することになります。

㋐　税務署、都道府県税事務所、市町村等の課税部門

法人税・事業税等の税務申告を受ける国及び自治体の機関は、課税のために申告書の附属資料として決算書を保有しているはずです。しかし、これらの機関が任意の照会や23条照会に応じて開示する可能性は低いため（申告をした会社自身からの開示請求に対しても消極的な対応をとります）、後記エのとおり裁判上の手続をとることが現実的

です。

㈠ 許認可庁・監督官庁

許認可を受けていたり、業法による規制を受けたりする会社・法人については、その許認可を行う官庁その他の監督官庁に対して、決算書を提出しなければならない可能性があります。決算書を把握したい会社の業種について、どのような行政上の規制を受けているかを想像して、法令・行政通達等を含めて検索します。

行政文書の開示請求・情報公開請求をとったのでは、個別の企業の決算書は不開示情報とされることが多いですから、23条照会など、それ以外の照会方法による必要があります。

㈡ 金融機関・大口取引先

会社と融資取引のある金融機関や、基本契約書を締結したり保証金を預け入れたりする大口取引先、同業種で構成される事業協同組合、不動産を賃借している不動産所有者（賃貸人）には、決算書を提出している可能性が高いといえます。しかし、金融機関は融資先・預金者の保護、守秘義務のため、照会に対して回答をする可能性が極めて低いでしょう。大口取引先、組合、賃貸人などから回答が得られるか否かは、ケースバイケースです。開示してくれるかどうかは照会先次第ですが、検討する余地はあります。

なお、23条照会は照会の申出をするにあたって、照会の理由を記載することが必要です。記載された照会理由がそのまま照会先に送付されたときに、対象となる会社の名誉・信用をいたずらに毀損することとなれば、紛争解決に資さないばかりか、かえって損害賠償請求や弁護士倫理上の問題を生じるおそれがあります。記載に注意するほか、照会申出書に記載する理由と、弁護士会における審査のための理由説明（照会先に開示しないもの）を分けて申し出る方法もありますが、弁護士会によって扱いは異なりますので事案に応じて確認してください。

債権差押えのために会社の預貯金口座を把握したいときには、債務者の勘定科目内訳明細書を入手することができれば、預金の所在が一目瞭然となります。しかし、通常は債権者という立場だけで債務者に知られることなく勘定科目内訳明細書の閲覧謄写をすることは難しいでしょう。取引金融機関を把握することができたとしても、全店舗の預貯金を対象とする差押えは現時点では困難とされており、差押えの申立てのためには金融機関及び取扱店舗を特定しなければなりません。

そこで、債務名義を取得した後は、23条照会によって、金融機関の本店に対して、全支店の債務者名義の預貯金の照会を求めることが考えられます[11)]。そして、金融機関に対する預貯金口座の全店照会においては、三井住友銀行をはじめ、地方金融機関においても各弁護士会と協定を締結し、債務名義を前提に手数料を収受して回答を行っている例が増えてきています。

ただし、これは強制執行の準備のための調査についての協定であって、証拠収集のために行われる場合には協定の適用はなく、回答しない、あるいは個別判断となる金融機関も多く存在します。所属弁護士会の23条照会を扱う部署に確認をしてから照会を申し出ましょう。

なお、会社に対する預貯金債権差押え・仮差押えを検討するにあたって決算書が入手できない場合であっても、会社又は代表者・役員等の所有する不動産を調査し、登記の乙区欄を確認すれば、会社が融資を受けている金融機関が抵当権・根抵当権（担保）を設定していることがわかります。通常は会社に融資をしている金融機関には預貯金が存在する可能性が高いといえます。しかし、その預金残高は差押え・

11）なお、この種の預貯金照会については、各金融機関と各弁護士会との間で、条件・方法等について協定が締結されている場合があり、逆に協定以外の方法による照会には応じない金融機関もあります。

仮差押えと同時に融資と相殺されることになり、実際に回収できる可能性は低いでしょう。とはいえ、融資を受けている金融機関に対して執行をかけられることは、当該会社にとっては致命的ともいえる大きなプレッシャーになります。

エ　裁判上の手続によって相手方から決算書を提出させる方法

訴訟手続の中で相手方会社の手元にある相手方会社の決算書の開示を受けたいときには、どうすればよいでしょうか。

まず、任意の開示を促し、裁判所に対してこれを促すように釈明を求めることが考えられますが、これに対して相手方が任意に開示しないときは、当事者照会（民訴法163条）を検討し、さらに文書提出命令（民訴法220条、家事事件手続法64条１項）の申立てを検討します。

㈠　当事者照会

当事者は、訴訟の係属中、相手方に対して、除外事由に該当しない限り、必要な事項について相当な期間を定めて書面で回答するよう照会することができると定められています。この制度を用いて、当事者が相手方から入手したい資料に記載されている事項を照会することも考えられます。なお、当事者照会は、一定の事項について書面で回答を求めるものであり、証拠となる文書の提出・交付を求めたとしても、相手方は手持ちの文書又は写しの交付をする義務はないと解されています。ただし、相手方が照会に対して回答をするときに、手持ちの文書の写しを送付することをもって回答することは差し支えありませんし、むしろ回答の方法として適切であるといえます（秋山幹男ほか『コンメンタール民事訴訟法Ⅲ〈第２版〉』日本評論社（2018年）479頁）。

ただし、この手続には裁判所は関与しないものとなっており、回答義務の有無・範囲について争いになりやすく、裁判所はその判定を行いません。回答義務に違反して不当に回答を拒否したとしても、真実擬制（民訴法224条１項）等の直接的な効果はなく、弁論の全趣旨として評価を受けるにとどまります。また、訴訟の審理がある程度進行していれば裁判長に対する期日又は期日外における必要な発問を求める（釈明権の発動・民訴法149条３項）方法によることが多くなります。そのため、当事者照会の制度は、実務的にはあまり多くは使われていません。

(イ) 文書提出命令

文書提出命令を申し立てるにあたり、民訴法220条１号から３号の要件のいずれかに該当する場合はそれによって提出義務を示すことになりますが、４号の一般義務の要件によらなければならない場合には、所定の除外事由にあたるかどうかがしばしば争点となります[12)]。なお、提出義務の各号は、選択的に主張してもかまいませんので、たとえば、当該文書は３号に該当し、そうでないとしても４号に該当すると主張して申立てをすることもできます。

加えて、裁判所は当事者が申し出た証拠といえども、必要でないと認めるものは取り調べることを要せず（民訴法181条１項）、その採否は裁量に委ねられています。したがって、単に民訴法220条各号の要件に該当するというだけでなく、代替する証拠がないこと、当事者の主張（要証事実）と争点に関して文書による立証事項と関連性があることなどを示さなければなりません。民訴法220条４号の申立てについては、さらに、他の方法によって容易に入手し得る場合にはそちらによるべきであるとされますので（民訴法221条２項）、他の方法によって入手することが困難であることを示さなければなりません。

12）４号該当性の判断について、中武由紀「文書提出命令の審理・判断における秘密保護と真実発見〈大阪民事実務研究会〉」判例タイムズ1444号（2018年）28頁が参考となります。

一方、開示命令を受けたくない当事者としては、裁判所からの求意見に対して、これらの要件を欠いていることを示して反論することになります。

民訴法220条４号イないしニに該当するか否かが争点になる場合、その判断のために裁判所が文書所持者に対して文書を提示させるイン・カメラ審理が行われることがあります（民訴法223条６項）。

相手方当事者が文書提出命令に従わないときは、裁判所は、当該文書の記載に関する申立人当事者の主張を真実と認めることができます（真実擬制・民訴法224条１項）が、その文書による立証趣旨がそのまま認定されるわけではありません（旧民訴法316条に関する最判昭和31・９・28裁判集民23号281頁〔27620773〕参照）。申立人当事者の主張を真実と認めるか否かは、裁判所の裁量に委ねられていますが、証明度は軽減されることになります（民訴法224条３項）。

専ら文書の所持者の利用に供するための文書（自己利用文書・民訴法220条４号ニ）に該当するときには、除外事由にあたり、文書提出義務を免れます。自己利用文書は、外部の者に開示することが予定されておらず、開示されると個人のプライバシーが侵されたり、個人・団体の自由な意思形成が阻害されたりするなど、開示によって所持者の側に看過し難い不利益が生じるおそれがある場合を指すとされています（最決平成11・11・12民集53巻８号1787頁〔28042656〕）。

この点、裁判例では、法令上の作成義務のある場合あるいはこれに準ずる場合には、客観的にみて内部のみで利用が完結しないものであり、原則として自己利用文書に該当しないと判断されています。決算書は法令（会社法、法人税法、所得税法等）によって作成を義務付けられているものであるだけではなく、公告を必要とする部分については、たとえ現に公告することを怠っていたとしても、内部のみで利用が完結するとはいえず、自己利用文書にあたらないことは明らかです。一方、総勘定元帳、勘定科目内訳明細書以下、財務三表に付随して作成される書類については、会社法432条及び435条によって、作成が義務付けられるものに含まれますが、会社法434条によって提出を命じられ得る会計帳簿に含まれるかどうか、仮に含まれるとしても利益衡量の対象となるべきです。

技術・職業の秘密（民訴法220条４号ハ後段）に該当するか否かの判断については、証拠としての代替性の有無等の個別事情に基づく比較衡量を行うとされていますので（最決平成20・11・25民集62巻10号2507頁〔28142310〕）、裁判所の判断のためには具体的な事情の説明が必要です。開示命令を受けると開示を余儀なくされる文書所持者の不利益についても同様です。当該文書の中でも証拠調べの必要性がない部分や義務の及ばない部分を除外するように求めることも可能です（民訴法223条１項後段）。

労働事件において、申立人が相手方（会社）の実質的な経営状態に関する事実を明らかにするために、法人税申告書の「法人税申告書・別表４（所得の金額の計算に関する明細書）」、〈２〉「同・別表11（３）（退職給与引当金の損金算入に関する明細書）」、〈３〉「役員報酬手当等及び人件費の内訳書」の提出を求めた事例につき、所持者の経営状態に係る文書であっても、民訴法220条４号ハにいう「技術又は職業の秘密に関する事項」で、「黙秘の義務が免除されていない文書」に該当しないとして、相手方に対して提出が命じられた事例（神戸地決平成16・１・14労働判例868号５頁〔28091411〕）があります。要件を満たしているか否かが争われることになりますが、文書提出命令は積極的に活用することができる手段となり得ます。この判断は抗告審においても維持されているとのことです（抗告審の決定について、公刊物未登載。山本和彦ほか編『文書提出命令の理論と実務〈第２版〉』民事法研究会（2016年）277頁参照）。

また、債務不存在確認訴訟の相手方当事者であるリース会社が所持している訴外会社に関する信用調査会社作成の調査報告書の提出命令が申し立てられた事例では、対象文書である調査報告書の中に、訴外会社の確定申告書の写しが含まれているが、その内容が訴外会社の経営状況等についての客観的な資料にとどまるものであり、当該相手方の内部において利用することを目的として入手したものであるが、外部の者に開示することが予定されていない文書であるとはいえず、かつ、これが開示されると当該相手方の自由な意思形成が阻害されるなどの看過し難い不利益が生ずるおそれがあるとは認められないから、自己利用文書（民訴法220条４号ニ）にあたらないとして、文書の提出が命じられています（東京地決平成17・４・８判タ1180号331頁〔28100976〕）。

なお、訴訟提起前において、提訴予告通知（民訴法132条の２第１項）のうえで提訴前の予告通知者・被予告通知者照会（提訴前照会・民訴法132条の２、132条の３）を利用する場合は、提訴後の当事者照会に類した手続となります。

オ　裁判上の手続によって相手方以外から相手方又は第三者の決算書を入手する方法

相手方がかたくなに決算書の提出をしないものの、第三者が保有している相手方の決算書を証拠にしたい場合、あるいは、入手したい決算書が相手方本人のものではない場合、訴訟当事者以外の第三者に対する文書送付嘱託の申立て[13)]（民訴法226条、家事事件手続法64条１項）又は調査嘱託の申立て[14)]（民訴法186条、家事事件手続法258条１項、62条）

13）文書送付嘱託は、提出義務の有無にかかわらず、制裁を伴わない任意の提出を求めるものですが、官公署は裁判所の送付嘱託に応じる公法上の一般的義務があるとされています。また、法令上その文書の正本・謄本等を請求できる場合には、自らその請求によって入手した文書を書証として提出するべきであるとされています。もっとも、情報公開法・情報公開条例・個人情報保護法等によって開示を受けることができる場合であっても、日数と手間を考慮して、しばしば文書送付嘱託が用いられています（兼子一ほか『条解民事訴訟法〈第２版〉』弘文堂（2011年）1257頁参照）。

を検討します。嘱託先としては、上記の23条照会の項目で挙げたような先が候補となります。23条照会によっては開示ができないと回答する照会先であっても、裁判所からの嘱託であれば開示できると判断する先もあります。23条照会に対して不開示の対応がされたとき、照会先とのコミュニケーションをとり、「今回は開示できないが、裁判所の命令による手続であれば開示できる」という回答が得られていれば、嘱託に回答される可能性が高くなります（裁判所に対しても、そのような回答が得られていることを示すことで、嘱託の採用を前向きに判断してもらいやすくなるでしょう）。

なお、訴訟提起前において、提訴予告通知（民訴法132条の２第１項）のうえで提訴前の証拠収集処分として文書送付嘱託を申し立てることも考えられます（民訴法132条の４第１項、２項）。

調査嘱託、文書送付嘱託に対して回答をしない先に対して、さらに、文書提出命令を申し立てることも考えられます。もっとも、第三者に対する文書提出命令は、その第三者に対する審尋を要するなど条件がより厳しく、その証拠が当該事件の帰すうを決するほどの重要性・不可欠性のあることを裁判所に理解されないと、採用されるのは容易ではありません。しかし、以下のように、税務署に対して申告時に提出されている税務申告書及び決算書等について文書提出命令が得られている事例もありますので、真実発見のためには諦めずに申立てを検討しましょう[15]。

14）調査嘱託に対しては一般公法上の回答義務があるとされています。金融機関が23条照会及び調査嘱託により口座開設者の氏名・住所等の回答を求められたときには、たとえ個人情報の提供について本人の同意がなくとも、回答する義務を負うとされています（大阪高判平成19・１・30判時1962号78頁〔28130850〕）。しかし、回答拒否に対する制裁はありません。また、上記裁判例においては回答拒否について不法行為責任の成立は否定されています。

15）当事者以外の第三者が文書提出命令に従わないときは、裁判所は決定により20万円以下の過料に処することができます（民訴法225条１項）。

〈肯定されている例〉

・札幌高決平成21・3・31税務訴訟資料259号11175順号〔28211095〕（原審：札幌地決平成20・8・25税務訴訟資料258号11008順号〔28173583〕

医療法人であるA病院の社員であった被抗告人は、A病院に対して、A病院を退社したとして、出資金の払戻しを請求する基本事件を札幌地方裁判所に提訴した。基本事件においては、被抗告人に出資金の払戻請求権があるとした場合のその金額が争点の１つとなったため、上記払戻請求金額算定の前提となるA病院の純資産額の鑑定が行われた。その際、鑑定人は、A病院が基本事件において証拠として提出した貸借対照表、損益計算書、営業費内訳明細書、利益処分案及び勘定科目内訳明細書に依拠して、鑑定を行った。その鑑定資料の内容の改ざんが疑われると主張する被抗告人が、その改ざんの事実を明らかにすることを目的として、抗告人（国）に対し、A病院が札幌北税務署に提出し、同税務署が保管する法人税申告書及びその附属書類である文書について、民事訴訟法220条４号を根拠に、文書提出命令を申し立てた事案。原審は、決算報告書等（「第○○期決算報告書」と題する書面並びに同期の貸借対照表及び損益計算書に係る勘定科目内訳明細書のうち一部の第三者に係る情報を除いた範囲）について取調べの必要性及び抗告人の文書提出義務認め、抗告人に対しその提出を命じた。抗告人の抗告が棄却され、原審が確定している。

〈否定されている例〉

・福岡高宮崎支決平成28・5・26判タ1437号120頁〔28251814〕（原審：鹿児島家決平成27・11・19判タ1437号123頁〔28251817〕

遺産分割調停事件の相手方が税務署長に対して提出した相続税申告書及び添付資料を対象とする文書提出命令の申立てについて、当該文書の提出により公務の遂行に著しい支障を生ずるおそれがあるもの（民訴法220条4号ロ）に該当するとして、抗告人（国）に対して文書の提出を命じた原決定を取り消して文書提出命令の申立てを却下した事例。

〔児玉浩生〕

COLUMN

資本金の決め方

資本金は、法人を設立するときに元手として出資される基本的な資産です。

旧商法時代の弁護士にとっては、「資本充実の原則」があり、株式会社は最低資本金1,000万円（有限会社は300万円）が確保されているもの、という認識があったはずです。しかし、起業の妨げになる等の理由により、最低資本金制度は平成17年の商法改正によって廃止されました。

現在の多くの中小企業では、特に必要がなければ大きな金額の資本金にしていません。もちろん、資本金が会社の基本財産であるという意味合いは変わっていませんし、資本金の額は会社の登記事項として公表されますので、社会的な信用を確保することを考えなければなりません。法律上は資本金１円で設立することができるとしても、そのような会社は多くはありません。

一般的に、資本金の額が大きければ社会的な信用も大きくなるとはいえ、剰余金が多額になったからといって資本金を増やしていく会社はほとんどありません。これには理由があります。それは、税務上の違いです。税務上の違いによって、資本金には主に４つの関門があります。1,000万円、3,000万円、5,000万円、そして１億円です。

資本金の額が1,000万円以上であれば、設立年度から課税事業者として消費税を納付しなければなりません。一方、資本金の額が1,000万円未満であれば、少なくとも設立後２年間はいくら売上げがあったとしても消費税を納めなくてもよくなります。なお、設立３期目以降の消費税納税義務は、基準期間における売上高に応じて定まります。

資本金が１億円以下の会社は、税務上の「中小企業」と位置付けられ、軽減税率や、交際費の損金算入枠、各種の税額控除など、多くの優遇措置を受けることができます（なお、一定以上の大規模法人の完全子会社であると中小企業であっても適用できない優遇措置もあります）。

資本金が3,000万円超となると、設備投資の際の優遇税制を受けられなくなりますので、ちょうど3,000万円の資本金を設定している会社も多くあります。

小売業・サービス業では、資本金が5,000万円以下であることが中小企業基本法における中小企業の条件とされていますので、中小企業が受けられる優遇措置や補助金を受けるために、資本金が5,000万円を超えないようにしていることがあります。

資本金が１億円以上になると、税務署ではなく国税局が税務調査を行う法人となりますので、この点を考慮して資本金が１億円に達しないようにしている法人もあるようです。

また、会社には法人住民税がかかりますが、仮に赤字であっても均等割の納税義務があります。この均等割について、資本金1,000万円以下か1,000万円超か、１億円以下か１億円超か、従業員が50人以下か50人超かによって変わります。資本金の額が大きいほど、均等割の額も大きくなっています。たとえば、広島市の場合は以下のとおりです（2020年11月現在）。

	1区内の従業者数50人以下	1区内の従業者数50人超
資本金1,000万円以下	5万円	12万円
資本金1,000万円超1億円以下	13万円	15万円
資本金1億円超10億円以下	16万円	40万円

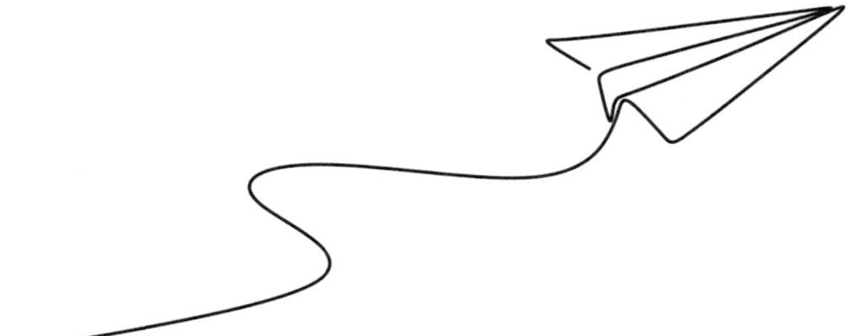

第2　各　論

個別の事案処理に決算書がどのように活用できるのか、
8つの事件類型について具体的なケースを想定しつつ、
Q&A形式で解説しています。

1 離　婚

（1）財産分与

Q 01 **離婚事件の相手方が法人の代表者です。会社の決算書が証拠として提出されているのですが、財産分与において、どのような点に注意して決算書をみればよいでしょうか。また、個人事業主だった場合はどうでしょうか。**

A

1．法人代表者の場合

相手方が法人の代表者の場合、まず相手方がもっている当該法人の株式や持分権の評価額が財産分与において争点となることが考えられます。これは法人代表者に限らず、当事者が株式をもっている場合に一般的に問題となることですが、法人代表者の場合は、一般的な証券取引によって取得した株式ではなく、非公開会社の株式である場合も多いため、その評価額がより問題となりやすいと考えられます。

株式の評価方法についてはQ６を参照してください。

また、相手方が法人に対して貸付けをしている場合も珍しくありません。これは、勘定科目内訳明細書の借入金の部分などをみれば明らかとなります。法人への貸付金があれば、それは当然、相手方が法人に対して返還請求権をもっていることになり、当該債権は財産分与の対象財産となり得ますので、決算書を取得したら貸付金の有無をチェックする必要があるでしょう。たとえば、役員報酬は（税務上）期中によほどの理由がない限り変更できないところ、月次の役員報酬を支払うための会社の現預金が十分でなく、予定していた役員報酬を全額支払うことができないときには、その不足額を役員の会社に対する貸付金としていることがあります（要するに、会社が支払うべき役員報酬を支払えないので、役員から借りたことにして役員報酬を支払っていることにする処理をしているということです）。そして、このような貸付金を未精算のまま決算処理をしてしまうと、期末に役員の会社に対する貸付金が残ることになります。

ただ、逆に法人が代表者に対して貸付けをしている場合もあり、相殺される可能性もあります。当該代表者からの借入金のみではなく、当該代表者への貸付金がないか、他には仮受金や仮払金がないか、などをチェックする必要があるでしょう。代表者に対する使途不明金、損金として計上できない交際費などが貸付金や仮払金として処理され、累積で多額になっている会社もあります。代表者が取引先や知り合いと飲みに行くときに会社の金庫からお金をもっていったまま未精算となってしまっているものなど、実質的には代表者の個人的な用途のために費消されてしまったものもあるかもしれません。

代表者への貸付金があった場合、相殺適状が離婚における財産分与の基準日よりも前であった場合、相殺の遡及効（民法506条２項）によって、財産分与の基準日には既に対当額で相殺されていることになるはずです。これは、貸付金の存在を主張された場合の反論となり得ると考えられます。

また、そもそも会社への貸付けによる返還請求権は、貸付けの原因等によっては、特有財産であるという主張も成り立ち得ると考えられるので、反論の際には検討が必要でしょう。

法人の個々の財産は、個人の財産とは別人格に帰属するものであり、直接的には財産分与の対象とはなり得ないのが原則です。しかし、その法人が夫婦の婚姻後の個人営業により得た資金を投下して発足させた延長であり、個人が実質上の管理処分権を有していた場合など、実質上夫婦の一方又は双方の資産と同視できる場合には財産分与の対象となるという裁判例もあります（大阪地判昭和48・１・30判タ302号233頁

〔27451864〕)。すなわち、相手方の経営する会社の財産であっても財産分与において検討すべき資産である可能性がありますので、当該会社の決算書を活用して会社財産の調査を行う意義はあるものと思われます。この際、貸借対照表だけを眺めても個別の資産の明細を確認することはできないので、気になる資産項目に関しては勘定科目内訳明細書の開示を受けてその内容を把握するとともに、さらに資産の取得時期など詳細を確認する必要がある場合は総勘定元帳や法人税申告書別表の開示を受けることも有益であると思われます。

なお、財産分与の前提となる財産開示において、相手方から開示されている財産の内容が不十分であることも見受けられます。たとえば、過去に会社近隣の不動産をもっているようなことを聞いていたのに、保有不動産の開示がない場合などです。このようなときには、相手方が個人で会社に不動産を賃貸している可能性がないかを勘定科目内訳明細書の「地代家賃等の内訳書」をみて確認してみることも有益です。なお、相手方が会社から敷金を預かっているときは、その敷金は相手方の会社に対する債務となるので、財産分与を検討する場合にはその点にも留意が必要です。

2．個人事業主の場合

個人事業主も所得税の確定申告のために帳簿をつくり、決算を行っています。青色申告をしているのであれば、その条件にあるとおり、正規の簿記の原則（一般的には複式簿記）により記帳がされ、それに基づいて作成した貸借対照表及び損益計算書が確定申告書に添付されているはずです。

青色申告をしているかどうかは、所得税の確定申告書が表紙しか開示されていなくても、そこに青色申告控除が記載されているかどうかで判断できます。

それらの見方については、基本的には法人の場合と同じですので、上記１．を参照してください。

〔森山直樹〕

Q 02 離婚事件の依頼者が法人の代表者です。相手方から、会社の決算書を証拠として出すよう求められているのですが、応じるべきでしょうか。

A たとえば、夫が法人の代表者であっても、妻がその決算書をみたことがないということは少なくないでしょう。仮に、妻がその法人の株主であったとしても同様ではないかと思われます。このような夫婦の離婚事件の場合、妻側の代理人から夫側の代理人に対して「決算書を証拠として提出して欲しい」と要求してくることがあります。これに対して夫側の代理人としてどこまで対応すべきなのか、また、しなければならないのかは、非常に悩ましい問題です。

決算書の入手方法については「総論4　決算書の入手方法」で述べられているとおりですが、これを前提とすると、こちらが提出を拒否した決算書を相手方が取得するのはなかなか難しいため、決算書の開示を拒んでしまえばよいのではないかとも考えられます。しかし、開示をしないことで依頼者の不利益になりそうな場合は注意が必要です。たとえば、経営している会社の株式について、決算書を提出しないため適切な株価が算定できないような場合には、現物分割の判断がされる可能性があります。現物分割がなされると、経営権が分散されるうえ、依頼人も離婚後まで相手方と関わりたくはないでしょうから、決算書を必要な範囲で提出するよう説得してみることも検討してみるべきです。このように、個別具体的な状況によっては、自ら決算書を提出することが双方の依頼者の利益に適うこともありますので、決算書を開示しないことによる依頼者の不利益をよく吟味しておくべきであろうと思われます。開示する範囲については、依頼者の利益を確保する観点から不必要なものまで開示してはなりませんので、決算書すべてを開示するのではなく、当方の期待する事実認定に有益な範囲を見極めてその一部を開示することで足りるのではないかと思われます。

なお、決算書を開示しなくても決算書以外の資料のうち参考にできるものがあるのであれば、そちらを開示すれば足りる場合もあります。たとえば、経営する不動産管理会社の資産調査を意図した会社保有不動産の開示を要求されている場合は、固定資産台帳や当該会社の預金口座異動明細（※賃料の把握)、固定資産税納税通知書などを開示すればそれで足りる場合もあるでしょう。

〔森山直樹〕

Q03 会社代表者の会社への貸付金は婚姻関係対象財産になりますか。相手からそのように主張されているのですが、どう反論したらよいかわかりません。

A

Ｑ１のとおり、貸付金は代表者が法人に対して返還請求できる債権なので、他の債権と同様に婚姻関係対象財産になり得るものと考えられます。会社の株式の評価額を算定するにあたってはその貸付金の存在は考慮されていますが、それは株式の評価額の算定根拠にすぎないので、別途貸付金自体を婚姻関係対象財産に含めても二重の評価をしていることにはならないでしょう。

ただ、貸付金を額面どおりで婚姻関係対象財産にするのではなく、現状の法人の資産状況に鑑みて適切に評価すべきとの反論もあり得ると考えられます。極端な例を挙げると、法人は債務超過で破産が確実視されているような状態であれば、貸付金の価値はほぼ無価値になると考えられます。

〔森山直樹〕

Q04 婚姻関係対象財産に、依頼者自身が経営している会社の株式があるのですが、どのような評価方法を取れば依頼者に有利になるでしょうか。

A

1．上場株式の場合

上場株式の場合、評価をせずとも株価が明らかとなるため、保有株数に応じて計算すれば算定できます。ただ、いつの時点の株価で計算するかが問題となる場合もあるでしょう。

基本的には別居日などの基準日時点での株価ということになるでしょうが、離婚訴訟の口頭弁論終結日と比較して株価が大きく乖離している場合もあります。その場合は代理人として依頼者の有利になるよう主張を行うべきでしょう。

2．非上場株式の場合

非上場株式については、上場株式のように株価がすぐ明らかになるものではないので、何らかの方法で評価をする必要があります。主な評価方法としては、純資産価額方式、類似業種比準価額方式、配当還元方式などがあります。もちろん、代理人としては、依頼者に最も有利になる評価方法を選ぶのが望ましいですが、実際には税務上の評価基準である財産評価基本通達においてとられている方式に即しているかという検討は必要でしょう（非上場株式の具体的な株価算定についてはQ18を参照してください）。

場合によっては、私的鑑定をすることも選択肢となりますが、費用との兼ね合いもあるので常に私的鑑定がなされるものではありません。

〔森山直樹〕

（2）婚姻費用・養育費

Q05 **離婚事件の相手方が個人事業主です。養育費や婚姻費用はどのように算定すればよいでしょうか。相手方の主張への反論方法がわかりません。また、法人役員の場合はどうでしょうか。**

A

1．個人事業主の場合

離婚事件において、相手方又は依頼者が個人事業主であることは当然にあり得ます。個人事業主の場合、養育費と婚姻費用の算定は、原則として、令和元年12月23日に公表された平成30年度司法研究（養育費、婚姻費用の算定に関する実証的研究）の報告（いわゆる新算定表）に基づいて行います。算定表では、（改定の前後を問わず）給与所得者と自営業者で総収入に対する基礎収入割合の違いが反映されています。

給与所得者の場合と比較して、どのような点に違いがあるかといえば、まずは「収入をどのように算定するか」ではないかと考えられます。給与所得者の場合は、給与明細や源泉徴収票などで収入がある程度客観的に明らかになりますが、個人事業主の場合、給与所得者と比べると収入の算定が難しいことがあります。

一般的には、確定申告書の「課税される所得金額」を算定の根拠にしますが、各種の控除項目がある場合で、相手方がその控除項目の存在を無視して養育費を計算してきた場合、控除項目の存在を指摘して計算し直すという反論が考えられます。

具体例を挙げると、「①青色申告特別控除、②雑損控除、③寡婦寡夫控除、④勤労学生障害者控除、⑤配偶者控除、⑥配偶者（特別）控除、⑦扶養控除、⑧基礎控除は、税法上の控除項目であり、現実に」支出されているわけではないので、控除すべきではありません。

また、「⑩医療費控除、⑪生命保険料控除等は、標準的な保険医療及び保険掛金は既に特別経費として考慮されているから、控除すべきではありません。ただし、標準的な額を超える特別に高額な医療費は、控除することも検討されるべきです。また、⑫小規模企業共済等掛金控除や⑬寄付金控除は、性質上、養育費・婚姻費用の支払に優先すべき」とは考えられないものですから、控除すべきではありません（秋武憲一『離婚調停〈第３版〉』日本加除出版（2018年）247頁）。

なお、減価償却費については、当該年度に現実に支出していないことから、婚姻費用や養育費の算定にあたっては、これを控除せず収入として認定すべきとの考えがあります。他方、減価償却の対象となる事業用資産を購入するための借入金を返済しているような場合には、その元本返済分については特別経費として控除すべきとの考えもあります。そこで、基本的には適正な減価償却費であれば各年度の必要経費としてこれを控除したうえで収入認定をする一方、そのまま控除することが不相当な場合などにはこれを控除せず、別途特別経費として現実の返済額の全部又は一部を控除して収入認定することが考えられます（岡健太郎「養育費・婚姻費用算定表の運用上の諸問題」判例タイムズ1209号（2006年）５－６頁）。

相手方が、控除すべきではない項目を控除したうえで婚姻費用や養育費を算定してきた場合には、これらの点を指摘して計算し直すことを検討すべきでしょう。

２．法人役員の場合

法人の役員の場合、役員報酬が決まっているので、基本的にはこれをベースにして算定することになるでしょう。役員が複数人いる会社の場合には、役員給与等の内訳書をみれば各役員の報酬がわかります。

役員報酬については、所得の区分としては給与所得にあたりますので、算定表を用いるにあたっては、原則として給与所得者と考えることになります。

ただ、役員報酬が業務内容に比して極端に低かったり、別居の翌年から急に役員報酬が下がっていたりするような場合、その役員報酬が適切な金額なのかどうかが問題となり得るでしょう。特に一人会社やそれに近い小規模な会社であった場合、「離婚するまでは役員報酬を減らして会社に貯めておけばよい」などと考えて養育費や婚姻費用を減額するための工作をする人もいるかもしれません。

このような場合には、過去数年分の決算書の提出を求め、実質的な報酬額あるいは得べかりし報酬額を基準に算定するべきでしょう。一方、このような指摘を受けた役員としては、会社の業績に応じた報酬減額であることが考えられます。具体的には、銀行からの借入れの際に付された財務制限条項（たとえば、２期連続赤字となった場合は金利を大幅に引き上げる条項）への抵触を回避すべく、やむを得ない報酬減額であったことなどが考えられます。

また、役員報酬以外にも、役員に対する金銭の給付があり、それが実質的には役員の経済的利益となっている場合もあります。たとえば、業務内容に比して交際費が異常に高額な場合や、役員の車のリース料があるがほとんどが私的な利用である場合などです。あるいは、役員が会社に不動産などの賃貸をしており、役員報酬とは別に賃料収入がある可能性もあります（これは、役員報酬のみが記載されている給与明細等だけでなく、課税証明書等の総収入が明らかになる公的な証明書を見ることによって確認することができます）。これらの経費や、役員貸付金、仮払金などの割合や推移をみて、額面どおりの役員報酬とは別に実質的な役員の所得がないか確認するべきでしょう。一方、このような指摘を受けた役員としては、会社の事業のために必要かつ適切な経費の支出をしていることが反論として考えられます。

〔森山直樹〕

COLUMN

保険積立金

保険商品にはさまざまなものがありますが、そのうち保険料の全額が損金計上できる保険については特に節税効果（実質的な税の繰延効果）が高く、それなりに儲かっている会社が保険に入っていないという例はまれでした。

もっとも、税務当局が2019年６月に保険料に関する通達（令和元年６月28日付課法２-13他２課共同「法人税基本通達等の一部改正について（法令解釈通達）（定期保険及び第３分野保険に係る保険料の取扱い）」を改定すると（実際には、同年２月に税務当局が保険会社に通達改定案を示したあたりから、同年４月の改定案のパブリックコメントが出された時以降はほぼ完全に）、全額損金算入できる法人向けの定期保険は事実上消滅することになりました。

こうして全額損金算入できる法人向けの定期保険が事実上なくなった現在においては、会社や経営者には保険加入の経済的なメリットが薄れ、会社にとって節税ニーズを目的とする保険加入のインセンティブがかなり減退したのではないかとも思われます。

しかし、部分的に損金算入できる保険商品はまだ存在していますし、保険に入ったうえで解約返戻率が高くなる直前で役員個人に（役員退職金と同じ意味合いで）保険名義を移すとなれば、それなりにメリットが出てきます。税務処理としては、解約返戻金相当額が役員の退職所得になりますが、その後個人で引き継いだ保険の解約返戻金は一気に上昇しますので、退職した役員は事実上大きな利益を得ることになるのです。会社にとっても保険料支払の一部が損金算入されるのでただ損をするというわけでもありません。

離婚事件などで配偶者が経営している会社の法人保険の解約返戻金相当額を財産分与の算定基礎にすることはほとんどないと思いますが、さりとて離婚した後で解約返戻金が跳ね上がった保険契約を会社から個人に承継するだろうなと思うと、事件処理の際にちょっともやっとするかもしれません。

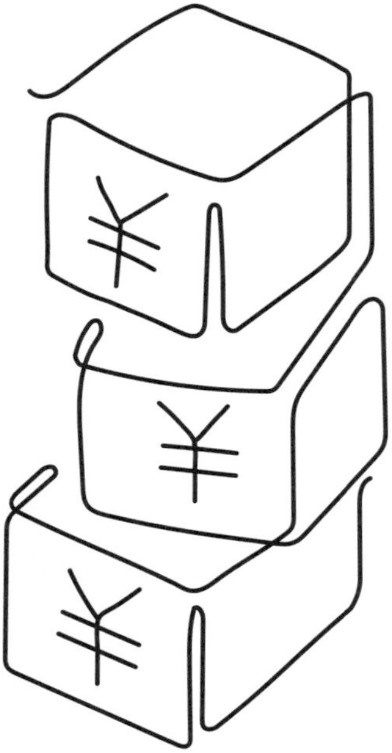

2 遺産分割

（1）遺産に株式がある場合

Q 06 **遺産分割事件で、相続財産の中に株式が含まれています。この株式はどのように評価すればよいでしょうか。**

A

1．遺産分割における評価の基準時

遺産分割の対象は、相続開始時の相続財産ではなく、遺産分割時の相続財産です。相続財産の評価における基準時も、遺産分割時となります。

なお、相続税の課税においては、相続開始時の評価をもとに算定されることとなっています。

2．株式の評価方法

（1）取引相場のある株式

相続財産の評価については、国税庁の用いる課税上の評価基準である財産評価基本通達（以下「通達」といいます）が参考になります。この通達の内容は、国税庁のHPで確認することができます（https://www.nta.go.jp/law/tsutatsu/kihon/sisan/hyoka_new/01.htm）。

そこでは、上場株式の評価について次のように定められています。すなわち、①負担付贈与又は個人間の対価を伴う取引により取得した場合は、その株式が上場されている金融商品取引所（複数ある場合は納税義務者が選択した金融商品取引所）の公表する課税時期の最終価格によって、②上記①に該当しない上場株式等については、その株式が上場されている金融商品取引所の公表する課税時期の最終価格（ただし、その最終価格が課税時期の属する月以前3か月間の毎日の最終価格の各月ごと

の平均額のうち最も低い価額を超える場合には、その最も低い価額）によって評価することとされています（通達169）。

そして、金融商品取引所の公表する最終価格は、日刊新聞や金融商品取引所のHP等を参照して確認することができます。

実務上、遺産分割時の最終価格によって評価する場合は、遺産分割時に最も近接した時点の（たとえば遺産分割の前日の）当該株式の最終価格を日刊新聞等で確認して用いることになります。

（２）取引相場のない株式

取引相場のない（非上場の）株式の評価方法についても、前述の通達が参考になります。取引相場のない株式の価額は、①まず、同族株主以外が取得した株式は配当還元方式により（通達188、188－２）、②同族株主が取得した場合は、当該会社が特定の状況にある場合に純資産価額方式が選択され（通達189）、③前二者のいずれでもない場合は会社規模（大会社・中会社・小会社。なお、会社法上の区分とは異なる）に応じて評価方法が異なります。こうした区分及び評価方法の詳細は、Q18を参照してください。

なお、いわゆる「相続税評価」は、この通達に基づいた評価方法によって算出されることになります。ただし、上述のとおり、相続税の申告のための評価は相続開始時の価値を算出するものであり、遺産分割時の価値が異なっている可能性もあります。

あくまで国税庁の通達は参考であって、実際に裁判所が採用する保障があるわけではありません。たとえば、旧商法下の株式取得価格決定の事案においてですが、国税庁の通達の採用を否定し、複数の算定方式を併用して株式価格を決定した裁判例がありますので、紹介しておきます（大阪高決昭和60・６・18判時1176号132頁〔27413075〕）。

同裁判例では、同族株主の取得した株式であり、特定の評価会社でない大会社（従業員数約300名、純資産合計約51億円、ただし直前期末以前１年間における取引金額は決定書からは不明）と思われる株式会社について、通達によれば類似業種比準方式を用いるところ、次のように述べてこれを否定しました。すなわち、「類似業種比準方式は、相続税及び贈与税の課税上における株式の価額評価に関し、国税庁の基本通達に基づき類似した業種の平均値と比較して、特定の算式により算出する方式であるが、元来課税目的の株式評価であるから評価の簡便性・画一性が要求され、そのため商法349条１項の求める『公正ナル価格』と異なった評価となることが避けられず、比準要素となる類似業種の標本会社が相手方のような同族会社で事業の内容も単純な場合と類似性があるのか極めて疑問であるばかりでなく、公表されている算式のうち減価要素として０・７を乗ずる数値の根拠が明らかでない。したがって、本件の場合に右方式を併用するのは相当でない」というものです。当該事案では、最終的に収益還元方式、配当還元方式及び純資産価額方式を併用し、この三者で得られた価額について３：３：４の割合で平均をとって株式価格を算出しました。

相続人が同族株主となるのかそうでないのかによって、評価の方式が異なることになりますが、同族株主の中であっても過半数を保有する支配的なグループとそうでないグループの相続人間で双方からみて「公平な評価額」を定めることは難しいところです。

〔近藤剛史〕

Q07 相続財産中に、一人会社の株式があります。遺産分割で「会社を分ける」ことは可能でしょうか。

A

1．「会社を分ける」ことの意義

相続財産中に株式が含まれる場合、これを共同相続人がそれぞれ分割して承継することは可能です。ただし、その結果、一人会社（株主が１人の会社）が、複数の株主を擁する会社に変わることになり、会社にとって重要な事項の決定や株主総会の運営等が不安定になる可能性があります。

2．株式の遺産分割の方法

遺産分割においては、現物分割が原則的方法とされています。そして、株式についても現物分割をすることは可能です。

ただし、単元株式の定め（会社法188条１項）がある場合は、「分割された株式数が一単位の株式の倍数であるか、又はそれが一単位未満の場合には当該株式数の株券が現存しない限り、当該株式を表象する株券の引渡しを強制することはできず、一単位未満の株式では株式本来の権利を行使することはできないから、新たに一単位未満の株式を生じさせる分割方法では株式の現物分割の目的を全うすることができない」（最判平成12・７・11民集54巻６号1886頁〔28051545〕）と判示されており、新たな単元未満株式を生じさせることはできません。

また、非上場株式の遺産分割の際にしばしば相続人間で争いが生じることがあります。この争いは、株式の有価証券としての価値支配の問題にとどまらず、その会社の経営権の争いという側面をもちます。家庭裁判所の実務上、会社の経営権をめぐる問題は、遺産分割とは別個の問題として取り扱われます。

仮に、遺言もなく遺産分割協議なしに相続人らが株式を相続することになった場合、当該株式は準共有の状態となり、株主権の中でも重要な議決権に関しては、原則として権利を行使する代表者１名を選んで会社に通知する必要がある（会社法106本文）のですが、相続人間で経営権が争われているとそのような通知をすることはできません。また、株主総会における議決権行使は通常管理行為にあたると解されていますので、民法252条本文により共有持分の過半数を有する者の同意が必要となるのですが、これも同様に相続人間で経営権が争われているとそのような同意を形成することが難しいという問題が生じます。

３．一人会社から複数株主となることの不都合

一人会社には、意思決定が簡易・迅速にできるという大きなメリットがあります。たとえば、株式会社の最高の意思決定機関である株主総会は招集手続が法定されていますが（会社法299条等)、全株主の同意により招集手続を省略することができるところ（会社法300条)、一人会社であれば株主は１人ですから、招集手続を簡単に省略することができます。また、株主総会の決議の場面においても、株主が１人ですので意見が割れることがありません。このように、株主が１人だと簡易・迅速に意思決定を行うことができます。

ところが、株主が複数人になってしまうと、前述の簡易・迅速な意思決定というメリットが失われてしまいます。そして、共同相続人間で経営権争いが生じ、誰も過半数が獲得できないような事態に陥ると、株主総会での意思決定が事実上困難になってしまいます。典型的な例を挙げますと、一人会社で、かつ、株主自身が唯一の取締役（代表取締役）だったような場合、その株主が亡くなると、株式の分割とともに取締役の欠員という問題が生じます。ところが、経営権争いにより株主総会で新たな取締役の選任ができないと、会社を代表して行為することのできる者がいない状態が続くという不都合が生じます。一応このような場合には、利害関係人は裁判所に対し、一時代表取締役の選任申立てができま

すが（会社法351条2項等）、一時代表取締役の候補者で争いが生じることとなります。実務上は、利害関係のない弁護士等が一時代表取締役に選任されますが、当該弁護士は必ずしも経営判断の専門家ではないため、混乱状態が収束しにくくなるおそれがあります。

ところで、業務執行において著しく困難な状況に至り、当該株式会社に回復することのできない損害が生じ又は生ずるおそれがある場合において、やむを得ない事由があるときは、会社の解散の訴えができるとされています（会社法833条1項1号、471条6号）。その典型例として想定されているのが、株主の意見が割れ、誰も過半数を得ることができないまま膠着状態が続くというデッドロックです。デッドロックでの会社解散を認めた判例として、東京地立川支判平成29・12・26金融商事1566号51頁〔28271933〕があります。この事案は、まさに2派が50％ずつの株式を持ち合っていたところ、対立の激化により株主総会決議が否決され、取締役会も定足数を満たさず開催できない事態となった事案で、裁判所が会社の解散を認めました。同様に、東京高判平成12・2・23金融商事1091号40頁〔28051316〕も、有限会社の持分を50％ずつ持ち合った2人の兄弟の対立激化の事案で、会社の解散を認めています。

このように、一人会社の株式を分割して共同相続人間で持ち合うという結論は、会社経営それ自体に好ましくない影響を及ぼすおそれがあります。一般に家庭裁判所の実務では、遺産分割時に会社経営の争いは考慮されないとされていますが、実質的に相続財産たる株式（株式会社）の価値が毀損されることにつながるような具体的事情がある場合は、当事者から積極的に主張していく必要があるかもしれません。

〔近藤剛史〕

Q08 相続財産に株式が含まれていますが、遺産分割が未了となっています。遺産分割前の配当金の受領や、議決権行使などはどのようにすればよいでしょうか。

A

1．遺産分割前の株式の法律上の取扱い

株式は不可分であり、遺産分割がなされるまでの間は共同相続人による準共有（民法264条）となると解されています（最判昭和45・１・22民集24巻１号１頁〔27000747〕）。

これを前提に、遺産分割前の株式に対する剰余金配当や、遺産分割前の議決権行使などが問題となります。

2．遺産分割前の株式に対する剰余金配当

（１）遺産の果実の取扱い

遺産分割前の相続財産（＝遺産）から生じた果実の取扱いについては、これを遺産から除外して相続分によって分割して確定的に取得し、その後の遺産分割による遡及効（民法909条本文）の影響も受けないと解されています。

最高裁は、遺産中の不動産から生じた賃料債権について、「遺産は、相続人が数人あるときは、相続開始から遺産分割までの間、共同相続人の共有に属するものであるから、この間に遺産である賃貸不動産を使用管理した結果生ずる金銭債権たる賃料債権は、遺産とは別個の財産というべきであって、各共同相続人がその相続分に応じて分割単独債権として確定的に取得するものと解するのが相当である。遺産分割は、相続開始の時にさかのぼってその効力を生ずるものであるが、各共同相続人がその相続分に応じて分割単独債権として確定的に取得した上記賃料債権の帰属は、後にされた遺産分割の影響を受けないものというべきである」（最判平成17・９・８民集59巻７号1931頁〔28101750〕）と判示しており、これらは剰余金配当等についても同様であると考えられています。

(2) 相続開始日と配当の関係

剰余金の配当については、当該配当がいつ発生したといえるかという問題があり、その時期によっては相続財産に含まれる可能性があります。

前提として、剰余金配当の流れは、次のようになります。まず、株式会社は基準日を定め、同日に株主名簿に記録されている株主（基準日株主）を権利行使できる者と定めることができます（会社法124条１項)。そして株式会社は、基準日株主を招集して株主総会を開催し、株主総会決議によって剰余金配当に関する事項を決議します（会社法454条１項)。その際には、配当の効力発生日も定めます（同項３号)。株式会社は、効力発生日以降、株主に対して配当金を支払います。

この一連の流れのうち、基準日前に相続が開始した場合は、その後に発生した配当は、株式から生じた果実となります。他方、基準日後に相続が開始した場合は、既に配当期待権（効力発生前）又は未収配当金（支払前）として現実化していたものとして、相続財産の中に含まれる扱いになります。

３．遺産分割前の議決権行使

(1) 権利行使者の定め方

既に述べたとおり、遺産分割前の株式は準共有となります。このような場合は、共有者が権利行使者１人を定めて、その者の氏名等を株式会社に通知しなければ、原則として権利行使ができません（会社法106条本文)。

共有者がどのように権利行使者を定めるかについて、民法の準共有の規定を用いて考えるに、権利行使者を定めることは相続財産の管理行為として持分の過半数でよいのか（民法264条、252条)、それとも変更・処分行為として全員一致を要するのか（民法264条、251条)、という問題が生じます。従前、この点には下級審で判断が分かれていましたが、最高裁は、有限会社の持分を共同相続人が準共有するに至った事案で、

「持分の準共有者間において権利行使者を定めるにあたっては、持分の価格に従いその過半数をもってこれを決することができるものと解するのが相当である」（最判平成９・１・28裁判集民181号83頁〔28020336〕）と判示し、これ以降は過半数で決するという取扱いがなされています。

近時では、最判平成27・２・19民集69巻１号25頁〔28230661〕がこの点をさらに具体化し、「共有に属する株式についての議決権の行使は、当該議決権の行使をもって直ちに株式を処分し、又は株式の内容を変更することになるなど特段の事情のない限り、株式の管理に関する行為として、民法252条本文により、各共有者の持分の価格に従い、その過半数で決せられるものと解するのが相当である」と判示しています。すなわち、議決権行使は常に管理行為（民法252条）として過半数というわけではなく、議決権行使の対象によっては変更・処分行為（民法251条）として全員一致となる余地があることを示しています。

なお、株式会社に対する権利行使者の通知の具体的な手続としては、①共同相続人が、株式会社又は株主名簿管理人に対し、株主名簿の書換えを請求して被相続人名義から共同相続人名義とし（会社法133条１項）、②共同相続人の持分の過半数によって権利行使者を定めたうえで、これを株式会社に通知します（会社法106条本文）。

（２）権利行使者が決まらないとき

共同相続人の中で共有の規定による持分の過半数の同意を得られず、権利行使者を定めて通知することができないときは、原則として個別の共同相続人による権利行使はできません。

ところで、会社法106条ただし書は、「ただし、株式会社が当該権利を行使することに同意した場合は、この限りではない」と規定しています。とはいえ、株式会社の同意によりどのような権利行使が適法となるかについては文言上判然としない部分があります。これについて、前掲平成27年最判〔28230661〕は、「共有に属する株式について会社法106条本文の規定に基づく指定及び通知を欠いたまま当該株式についての権利が行使された場合において、当該権利の行使が民法の共有に関する規定に従ったものでないときは、株式会社が同条ただし書の同意をしても、当該権利の行使は、適法となるものではないと解するのが相当である」として、あくまで権利行使者は共有の規定に従って定める必要がある旨示しました。会社法106条ただし書で「この限りでない」とする対象は、同条本文に定める指定及び通知のことだ、という解釈です。

よって、共同相続人間で共有の規定によって権利行使者を定めることができないときは、株式会社の同意によっても権利行使することはできません。

（参考文献）
潮見佳男『詳解　相続法』弘文堂（2018年）
片岡武＝管野眞一編著『家庭裁判所における遺産分割・遺留分の実務〈第３版〉』日本加除出版（2017年）
堀越董『実例　同族会社のトラブルと対策〈改訂３版〉』税務研究会出版局（2007年）

〔近藤剛史〕

（2）遺産に会社に対する貸付金がある場合

Q 09 **遺産分割事件で、相続財産中に、被相続人が経営していた会社に対する貸付金があります。これは遺産分割の対象となる相続財産として考えてよいのでしょうか。**

A 会社の決算書を取得した場合、勘定科目内訳明細書（別冊No.４参照）の「仮受金の内訳書」、「源泉所得税預り金の内訳」と「借入金及び支払利子の内訳書」の項目をみると、会社に対する具体的な貸付債権者が判明することがあります。では、決算書をみて、被相続人による会社に対する貸付けがあった場合、その貸付金（貸金返還請求権）は遺産分割の対象としての相続財産となるのでしょうか。

貸金返還請求権は、通常の金銭債権ですから、原則として相続の対象となります。ただし、可分債権としての金銭債権は、民法427条により、遺産分割によらず法定相続分に従って当然に分割相続されます（最判昭和29・４・８民集８巻４号819頁〔27003180〕。なお、不法行為に基づく損害賠償請求権の事案）。よって、会社に対する貸付金は、原則として遺産分割の対象とはなりません。ただし、可分債権である金銭債権であっても、共同相続人間において遺産分割の対象財産とする合意が成立する場合には、遺産分割の対象とすることができるとする裁判例（福岡高決平成８・８・20判タ939号226頁〔28020876〕）もありますので、事案に応じて遺産分割の対象とすることも検討されるべきでしょう。

ところで、会社に対する債権としては、純粋な貸付金（会社にとっての「借入金」）以外にも、会社の「仮受金」、「未払金」、「未払費用」（裏を返すと、被相続人の会社に対する「仮払金」、「未収入金」）などがあり得ます。いずれも勘定科目内訳明細書に記載される科目ですので、これらの記載があるかどうかも見落とさないようにしましょう。

〔近藤剛史〕

（３）被相続人が会社の保証人だった場合

Q10 遺産分割事件で、被相続人が、自分の経営する会社の保証人になっていたことがわかりました。この保証債務は、遺産分割の中でどのように取り扱えばよいでしょうか。

A まずは、保証債務が相続の対象となるかどうかが問題となります。保証債務が相続人に承継されるか否かは、当該保証債務の内容によって結論が異なります。

保証債務の内容	相続人への承継
身元保証	特別の事由のない限り保証人の死亡によって消滅し、相続人への承継は否定されます。（大判昭和18・9・10民集22巻948頁〔27500070〕）
継続的契約に関する（個人）根保証	相続開始前に発生した主債務についての保証債務は保証人の死亡により元本が確定し（民法465条の４第１項３号）、相続人に承継されます。 相続開始後に発生した主債務についての保証債務は相続人に承継されません。（最判昭和37・11・9民集16巻11号2270頁〔27002079〕）
通常の保証・連帯保証	相続人に承継されます。（大判昭和９・１・30民集13巻103頁〔27510007〕）

ところで、保証債務は遺産分割の対象とはなりません。遺産分割はあくまで積極財産について行われるものであり、金銭債務その他の可分債務は法律上当然に分割され、各共同相続人はその相続分に応じて債務を承継されるためです（最判昭和34・6・19民集13巻6号757頁〔27002565〕）。

なお、遺産分割協議・調停等で、相続人の１人が（財産を取得すること引換えに）債務をも全額負担するような協議が成立することがあります。しかし、このような遺産分割協議には、債権者に対する対外的効力はありません。債務者間の協議により誰が債務を負担するかを勝手に決められるとなると、債権者にとって不利益が生じ得るからです。

ところで、経営者保証ガイドラインの策定・公表以来、会社が金融機関から借入れをする際の保証人は会社の代表者のみであることが大半となりました。仮に、会社の代表者が死亡してしまいその保証債務が相続人に承継される場合、金融機関は経営者保証ガイドラインに沿った対応をすることが求められています（令和元年12月全国銀行協会経営者保証に関するガイドライン研究会「事業承継時に焦点を当てた『経営者保証に関するガイドライン』の特則」参照）。

〔近藤剛史〕

COLUMN

役員の報酬と退職慰労金

多くの経営者にとって「儲かっているときにとれるだけとりたい」もの、それが役員報酬です（役員賞与や配当は相対的に税制上のデメリットが大きい（役員賞与は原則損金不算入、配当も損金に計上できず税額計算後の剰余金から支払うことになる）ので、役員報酬でとる方がよいでしょう）。

しかし、役員報酬は事業年度中の支給額が毎月同額である等恣意性のない方式で支給されないと原則として損金に算入されません（損金算入される要件については、国税庁タックスアンサーNo.5211「役員に対する給与（平成29年４月１日以降支給決議分）」（https://www.nta.go.jp/taxes/shiraberu/taxanswer/hojin/5211.htmを参照）。つまり、「今期は売上げが順調だ。結構儲かりそうだから税金を減らすために役員報酬を多めにとることにしよう！」ということは事実上できないことになっています。そこで、経営者は来期の受注状況などをみながら役員報酬を年度ごとに調整することになります。想定どおりに来期の業績が進捗すればよいのですが、必ずしも思うようにいかないのが難しいところです。

また、役員報酬をとりすぎてしまうと会社の内部留保が薄いままになってしまい、経営の安定性を損ないます。経営者がこのバランスをどのように考えているかはその経営者の方針が如実に出るところだと思います。

さて、金融機関は、経営者が役員報酬を受け取った後、同人の資産状況がどう変化しているかについてかなり関心をもってみています。他人の資産状況を気にするとは下世話な話だと思うかもしれませんが、連帯保証人としての経営者の資力を注視することは金融機関として当然です（経営者保証に関するガイドラインが公表されて以降、経営者を連帯保証人にとらないケースも増えてきていますが、中小企業向けの融資の際には経営者を連帯保証人にとるケースはまだまだ見受けられます）。さらに、経営者が受け取ったお金を浪費しているか、それとも計画的に蓄えているのか、どのような投資をしているのかなど、その経営者の個人的な資質や性格がそこで垣間みえるということもあります。ちなみに、事業承継の準備のために会社の株価を調整しようとする場合、退職慰労金の支給は節税対策としてほぼ必ず検討されますが、この退職慰労金の取り方からも経営者の資質や性格をうかがうことができます。

蛇足ですが、退職慰労金の支給については特に金額が多額になることが多く、恣意的な支給を疑われ、損金不算入とすべきではないかと税務署に指摘されやすいので注意が必要です（損金算入時期の誤りを指摘されることもあります）。そのため、客観的な支給基準（算定基準）の定めと株主総会議事録の作成は必須です。事業承継に関与する場合にはこの点もしっかり確認しておく方がよいと思われます。一般には、最終の適正な役員報酬月額×在任期間（年数）×適正な功績倍率＝適正な役員退職給与の範囲内であれば指摘を受けにくいといわれています。なお、役員退職慰労金が多額になる理由としては、原則として退職所得となり、分離課税され、退職所得控除があるなど税務上のメリットがあることが考えられます。

3 破　産

破産の申立代理人としての決算書の検討

Q11 法人や個人事業主の破産申立てを受任したのですが、申立て前に決算書を検討する場合、どのような点に注意すればよいでしょうか。

A 事業を継続している法人や個人事業主の破産申立てを受任する場合、決算書類には事前にひと通り目を通すと思います。その際にどのような点に着目して目を通せばよいのでしょうか。それは、目的によって異なるのではないかと考えられます。

まず、「破産申立てを選択せざるを得ないか否か」を判断するためであれば、どこを中心にみればよいでしょうか。

法人の破産手続開始の原因は、支払不能と債務超過です（破産法16条1項、15条1項）。相談を受ける事例の多くがこれにあたるでしょうが、他の方法で破産を回避できる事例もあるかもしれません。その判断はもちろん総合的な観点からなされるべきでしょうが、まずは貸借対照表及び附属明細書において資産と負債のチェックは必要でしょう。債務の種類や債権者数、総額や保証（人的・物的）の有無などを確認し、さらにはそこには載っていない新たな負債などを聴取する必要があると考えられます。

次に、破産を選択せざるを得ないと判断した場合、「破産申立てのタイミング及び予納金の確保」を検討する必要があるでしょう。その判断にあたって参照すべきなのが、勘定科目内訳明細書の現預金はもちろんですが、現預金だけでは予納金には届かない場合もあります。そこで、売掛金・未収入金の存在も重要となってきます。これらが回収できて、予納金に充てるキャッシュが確保できる見込みがあるのか、あるとしてそれはいつ頃なのか、を検討する材料になると考えられます。

続いて、債権者一覧表を可能な限り網羅的に作成するために、直近月の「買掛金」、「未払金」、「未払費用」に関する残高一覧表を任意に作成してもらい、あわせて直近決算期の勘定科目内訳明細書の「買掛金（未払金・未払費用）」を確認しつつ、債権の明細を抽出していくこともできますので、これらの提出を依頼するべきでしょう。

破産を検討する会社は、資金繰りに窮しており、近い将来に会社において資金ショートが予測されることが多いでしょう。申立代理人としては、申立費用や予納金を確保したうえで、事業を停止するとともに受任通知をすることができる最適なタイミング（会社の事業が停止していないときや公租公課等の滞納処分を受けるおそれが切迫しているときは、受任通知に先立って裁判所への申立書の提出をし、さらには即日開始決定を受けて破産管財人に引き継ぎができるよう段取りが必要となる場合もあります）を探る必要があります。具体的には、資金ショートを起こす前で、その日の「入金」を反映して「出金」を止めたと仮定したときに現預金が最大になる日を、そのXデーと想定することが多いでしょう。これを判断するためには、１日ごとの現預金の出入りの実績と予定を網羅した「日繰り表」をつくる必要があります。会社の経理・出納の担当者や役員と一緒に（場合によっては会社が依頼している会計事務所も協力していただきながら）作業を行います。

なお、上記の過程において、破産手続開始申立書に記載すべき事項のある程度は把握できます。債権者一覧表やその金額・保証人や担保の有無はもちろんですが、財産目録に記載すべき事項も、多くは明らかにできるでしょう。たとえば、勘定科目に現預金があった場合、附属明細書を見れば金融機関名や支店名が載っています。他にも、勘定科目から「あたり」を付け附属明細書等をみていけば資産は明らかになるものが多いでしょう。

もちろん、会社が使用している帳簿類にすべてがきちんと記載されているとは限りません。むしろ、破産するほかない会社では帳簿等が整理されていないことが多いと思いますので、資料として信頼性の高い通帳や固定資産税納税通知書などの資料を十分に検討し、さらに十分な聴き取りによって補充していく必要があるでしょう。

〔森山直樹〕

Q12 決算書がない法人や個人事業主の破産申立てを受任したのですが、どのように調査をすればよいでしょうか。

A 小規模の法人や個人事業主の場合などで、決算書を作成していない、あるいは作成していたが紛失した人から破産の相談を受けることもあるでしょう。そのような場合には、Q11のような調査をどのようにして行えばよいのでしょうか。

まず、個人事業主の破産準備であれば、通常の個人破産の準備と近い状況になると考えられます。つまり、請求書や通帳（引落し）などから債権者を把握し、本人への聴き取りなどによって財産状況も明らかにしていきます。動産類などでは、本人がリース物件か否かを正確に把握していないこともあるでしょうから、契約書などがあれば確認すべきでしょう。また、依頼者が確定申告書を紛失している場合でも、税理士に確定申告を依頼していた場合は関与税理士が保存しているはずですし、本人自身で確定申告をしている場合はパソコンに確定申告用のソフトがないかを本人に確認してみましょう。

小規模の法人（株式会社や特例有限会社）の場合、計算書類及びその附属明細書の保存期間は10年とされています（会社法435条４項）。また、会計帳簿及びその事業に関する重要な資料も10年間の保存義務があります（会社法432条２項）。これらに該当しなくても、棚卸表などは法人税法で７年の保存義務があり、会社法以外にも保存義務が規定されています。ただし、小規模の法人では、決算書を紛失していたり、正確な決算書を作成していない場合も存在します。このような場合に、どこまで準備をして申立てをすべきか悩ましいところですが、資産や負債の把握方法としては、基本的にはQ11の場合と同様ではないかと考えられます。

〔森山直樹〕

4 私的整理

私的整理における決算書の検討

Q 13 **倒産の危機にある中小企業の私的整理を受任しましたが、決算書やその他の財務資料をどのようにみていけばよいのでしょうか。**

A

1．私的整理とは

私的整理とは、破産・民事再生・会社更生等の法的手続によることなく、事業者（多くは法人）の債務の整理をすることをいいます。事業を清算することを目的とするもの、事業を再建することを目的とするものの双方がありますが、ここでは後者を前提とすることとします。

法的整理を行う場合、原則として債務の種別にかかわらず債権者に対して一律に支払の停止、減免を求めることになりますが、私的整理の場合には、事業活動の維持のために取引債務は支払を継続しつつ金融債務を対象として債務整理を行います。

相応の規模の私的整理を行う場合、基本的には全金融機関の合意を得る必要があることから、一定程度の中立公正さが求められるため私的整理の支援を行う機関を介在させることが一般的です。これらの機関としては、事業再生実務家協会（事業再生ADR)、中小企業再生支援協議会、地域経済活性化支援機構（REVIC）などがあります。なお、規模が小さい又は関係する金融機関の数が少ないときなどは、これらの機関を利用せずに債権者と相対で交渉することもあります。

債務整理について相談を受ける場合、よほどのケースを除きいきなり法的整理の方針を示すことは適切ではなく、まずは私的整理が検討可能かを模索することになるでしょう。

2．私的整理のプロセス

私的整理の検討に入ると、概略以下のようなプロセスを経ることになります。

基礎資料の収集と実態の把握
↓
事業計画案、弁済計画案等の策定
↓
債権者（金融債権者が主）への説明・協議
↓
再生計画案の作成と合意

私的整理の検討において弁護士が決算書を検討する局面は、主に「基礎資料の収集と実態の把握」と「事業計画案、弁済計画案等の策定」です。

3．私的整理への弁護士の関与

（1）基礎資料の収集と実態の把握

私的整理の相談を受けた際には、まず決算書やその他の財務資料等を検討することになりますが、債務者には最低限以下のような資料の提供を求めます。

〈例〉財務的なことを確認するため債務者に初期段階で要求する資料

- 決算書及び法人税申告書一式（最低 3 年分、可能なだけ遡って）
- 直前月の月次試算表
- 資金繰表
- 金融機関取引一覧表（借入明細、預金明細含む）
- 当期の収支予想計画・実績表

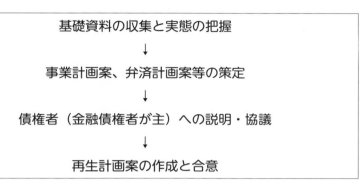

・部門別収支（多くの業が混在する場合）、店舗別収支（多店舗企業の場合）
・主要取引先一覧表（債権・債務の個別明細含む）

もっとも、債務者がこれらの資料をすべて準備あるいは作成していることは非常にまれですので、関与税理士や会計士、債務者自身の協力を得ながら収集し、それらの資料を詳細にかつ分析的に検討することになります。

それでは、財務に関する情報をどのように把握していくのか、注意点を説明します。

ア　貸借対照表（B／S）の見直し

開示されたB／Sが必ずしも会社資産の実態を表していないことは、まま見受けられます。このような場合、開示を受けた決算書の数字をそのまま用いることはできません。

たとえば、売掛金に回収困難な不良債権が計上されたままになっていることがあります。これは決算書のB／Sだけみてもすぐには判明しにくいですが、勘定科目内訳明細書で売掛金の内訳をみれば、動きのない売掛先・金額はわかりますので、きっかけをつかむことはできます。また、B／Sには計上されていない簿外債務があることもあります。

このように、決算書はそのままそれが債務者の財務の実態をあらわしたものとはいえないことが多いため、適宜修正する作業が求められます。債務者の財務の実態を把握するため、資産・負債項目でどの点に注意すべきかについては、株式会社整理回収機構が公表している「〈資料〉再生計画における『資産・負債の評定基準』（抜粋）」（後記掲載）が参考になります。

イ　損益計算書（P／L）の把握

P／Lを少なくとも直近3年間分比較し、利益計上ができているか（通常はできていません）、できていないならばどのレベルで赤字になっているのかを検討します。たとえば、イレギュラーな事態が発生し特別損失を計上したため赤字になっている、営業外費用（支払利息等）がかさんで経常損益が赤字になっている、営業損益ベースで赤字になっているなど、状況はさまざまであろうと思います。

たまたま足元の状況が厳しいだけであれば、今後の収支予想とその実現可能性次第で金融債務の弁済をリスケジュールするなどし、緩やかな解決も図ることもできますが、営業損益ベースで赤字が続いている場合は、抜本的なリストラや金融債務のカットが必要になります。

これらの見通しは、決算書をみるだけではわかりません。当期の収支予想計画・実績表や月次試算表から会社全体のトレンドと状況を、部門別収支や店舗別収支からどの部門・店舗ががん細胞なのかということを把握します。たとえば、赤字を垂れ流している事業部門があるのであれば、出血を止めるためにその赤字の事業部門ごと切り離せないか（部門の閉鎖や売却）ということも初期段階でイメージしておく必要があるでしょう。

ウ　キャッシュ・フロー計算書（C／F）

私的整理を検討する段階にある債務者は（黒字・赤字を問わず）キャッシュ・フローが不足することにより窮境に至っているため（このような状態を「キャッシュ・フローが詰まっている」、「資金繰りに窮している」と表現することもあります）、私的整理を成功させるには、まず、なぜキャッシュ・フローが不足する事態になっているのかという原因を突き止め、その原因を除去し、またその原因を再度発生させないようにすることが求められます。

また、足元の現預金も枯渇しており、キャッシュ・フロー不足が明らかな場合はすぐに資金ショートを起こす可能性が高いので、可及的速やかに資金繰り（日繰り）を把握・検討しておかなければなりません。たとえば、金融債務の弁済を利払だけ止めればよいのか、それとも元金弁済まで止めるべきかなど、予想される資金繰りに応じて金融機関への要請を検討したり、（事業の継続が困難になる危険性もありますが）関係性によっては主要仕入先に対する債務の支払をいったん緩和してもらうことも検討してみるべきでしょう。また、当期の収支予想計画・実績表や月次試算表から会社全体のトレンドと状況を、部門別収支や店舗別収支からどの部門・店舗ががん細胞なのかということを把握し、無駄な経費支出、役員報酬の削減、どうみても改善が見込めない赤字部門・赤字店舗からの資金流出は早めに手を打つ必要があるでしょう。加えて、リストラに伴う費用支出には現金の支出が伴いますので、その資金を遊休資産の売却や弁済猶予の間のキャッシュ・フロー余剰等で賄うことができるのかということなど、（詳細なものは経営改善計画で出されるものではありますが）フリーキャッシュ・フローの正常化がいつからどの程度見込まれるのか目途を立てておくことは、当初の段階でも必要になるでしょう。

いずれにしても私的整理の間は金融機関向けの債務については一時的に返済を中断することが基本となりますが、キャッシュ・フロー不足は金融機関への返済を中断すれば臨時的に解消するものの、その間は（いわゆるDIPファイナンス等の特殊な融資を除けば）金融機関からの追加融資を期待することはできません。その点に留意しつつ慎重に資金繰りを検討する必要があります。

（2）事業計画案、弁済計画案等の策定

私的整理は債務者の財務状況の改善を主たる目的とするものですが、事業再生ADR、中小企業再生支援協議会、REVIC等を利用する場合には、当該機関の専門家、推薦されたコンサルタント等の援助によって、財務デューデリジェンス（以下「財務DD」といいます）や事業デューデリジェンスが実施され、経営改善計画の策定等が図られます。このような機関の関与がない私的整理の場合も、債権者である金融機関に対して説得的な説明をするために、公認会計士・税理士、コンサルタント等の援助を受けながら、財務DD、経営改善計画の策定が行われるのが通例です。財務や事業の専門家と同レベルの知見を有していなくても、関与している事案に関して作成される成果物を確認し、不自然・不合理な点はないかを検討する必要があります。

〈資料〉再生計画における「資産・負債の評定基準」(抜粋)

Ⅰ　基本的な前提条件

1．支援対象企業について作成された「実態貸借対照表」は、監査法人・公認会計士・税理士等専門家によって行われたデューデリジェンスに基づく公正かつ適正な資産評定に因らなければならない。

2．不動産については、原則として、不動産鑑定士による不動産鑑定評価またはこれに準じる評価を行い、時価評価された金額をもって実態貸借対照表が作成されていること。

※全ての不動産について時価評価すること。

※重要性の高い不動産の不動産鑑定評価またはこれに準じる鑑定評価は、複数の鑑定人に依頼することが望ましい。

Ⅱ　専門家によるデューデリジェンス結果についてRCCとして検証する基準

売上債権	売上債権については、原則として、各債権金額から貸倒見積額を控除した価額により評定する。貸倒見積額の算定は次の通りとする。 (1) 一般債権については、原則として過去の貸倒実績率等合理的な基準により貸倒見積額を算定する。ただし、評定基準日以降の回収実績による算定も可能とする。 (2) 貸倒懸念債権については、当該債権額から担保処分見込額及び保証による回収見込額を控除し、残額について債務者の財政状態及び経営成績を考慮して貸倒見積額を算定する。 (3) 破産更生債権等については、当該債権額から担保処分見込額及び保証による回収見込額を減額し、その残額を貸倒見積額とする。また、清算配当等により回収が可能と認められる額は、担保処分見込額及び保証による回収見込額と同様に取扱う。 (4) 子会社等の関係会社に対する売上債権に係る貸倒見積額については、親会社等として他の債権者と異なる

	取扱いを受ける可能性がある場合には、これによる影響額を合理的に見積もるものとする。
棚卸資産	（１）商品・製品については、正味実現可能価額から販売努力に対する合理的見積利益を控除した価額により評定する。 （２）半製品・仕掛品については、製品販売価額から完成までに要する費用、販売費用及び完成販売努力に対する合理的見積利益を控除した価額により評定する。 （３）販売目的の財貨又は用役を生産するために短期間に消費されるべき原材料については、再調達原価により評定する。 （４）品質低下、陳腐化等により収益性の低下している棚卸資産については、正味売却価額、処分価額又は一定の回転期間を超える場合には規則的に帳簿価額を切り下げる方法による価額により評定する。
販売用不動産等	（１）開発を行わない不動産又は開発が完了した不動産は、正味実現可能価額（販売見込額（売価）－アフター・コスト）から販売努力に対する合理的見積利益を控除した価額により評定する。 （２）開発後販売する不動産は、開発後の正味実現可能価額から造成・開発原価等、今後完成までに要する見込額と販売努力に対する合理的見積利益を控除した価額により評定する。 （３）なお、合理的見積利益を見積もることが困難な場合には、合理的見積利益を控除しないことができる。 （４）売価は、販売公表価格又は販売予定価格とするが、当該価格での販売見込みが乏しい場合は、観察可能な市場価格がある場合には当該市場価格とし、観察可能な市場価格がない場合には、不動産鑑定士の不動産鑑定評価額等、一般に公表されている地価若しくは取引事例価格又は収益還元価額等の合理的に算定された価額とする。

前払費用	（1）期間対応等により今後継続する事業の費用削減に資することが明らかである場合には、役務等の未提供部分に相当する支出額により評定する。 （2）今後継続する事業の費用削減に貢献するとは見込まれない場合には、契約解除により現金回収が見込まれる回収見込額により評定する。
貸付金	（1）原則として、各債権金額から貸倒見積額を控除した価額により評定する。 （2）貸倒見積額は、貸付先の決算書等により財務内容を把握し、貸付先の経営状況及び担保・保証等を考慮した回収可能性に応じて算定する。ただし、決算書等の入手が困難な場合には、「売上債権」に準じて評定することができる。 （3）子会社等の関係会社に対する貸付金に係る貸倒見積額については、親会社等として他の債権者と異なる取扱いを受ける可能性がある場合には、これによる影響額を合理的に見積もるものとする。 （4）役員等への貸付金に係る貸倒見積額は、当該役員等の資産や収入の状況、保証債務の状況等を勘案し算定する。この場合、保証債務又は経営責任により役員等に経済的負担がある場合等には、保証による回収見込額等と重複しないように留意する。 （5）従業員に対する住宅取得資金等の貸付金に係る貸倒見積額は、当該従業員の資産の状況、退職金支払予定額等を勘案して算定する。
未収入金等	（1）金銭債権としての性質を有するものは、原則として「売上債権」に準じて評定する。 （2）仮払金のうち、本来費用処理されるべき額については評定額は零とする。役員等に対する仮払金は役員等に対する貸付金に準じて評定する。

事業用不動産	（1）原則として、不動産鑑定士による不動産鑑定評価額及びこれに準じる評価額（以下「不動産鑑定評価額等」という）により評定する。この場合、不動産鑑定評価等における前提条件、評価方法及び評価額が、本評定基準の評定方法に照らして適合していることを確認する。 （2）重要性が乏しい等により、不動産鑑定評価額等を取得する必要がないと判断される場合には、不動産鑑定評価基準（国土交通事務次官通知）における評価手法を適用して評定した額、土地について地価公示等の土地の公的評価額に基づいて適正に評価した額、償却資産について適正に算定した未償却残高等を合理的に算定した価額として評定することができる。 （3）なお、事業内容等に照らして評定単位について特に留意するものとする。
投資不動産	（1）原則として不動産鑑定評価額等により評定する。 （2）重要性が乏しい等により、不動産鑑定評価額等を取得する必要がないと判断される場合には、不動産鑑定評価基準における評価手法を適用して評定した額、土地について地価公示等の土地の公的評価額に基づいて適正に評価した額又は償却資産について適正に算定した未償却残高等を合理的に算定された価額として評定することができる。
その他償却資産	（1）観察可能な市場価格がある場合には、当該市場価格により評定する。 （2）観察可能な市場価格がない場合には、原価法による価格（再調達原価を求めた上で当該資産の取得時から評定時点までの物理的、機能的、経済的減価を適切に修正した価額をいう）、収益還元法による価格又は適正に算定された未償却残高を合理的に算定された価額として評定する。

リース資産	リース資産については、ファイナンスリース取引に該当する場合で、賃貸借取引に準じた処理が行われている場合に、リース債権を担保債権として取り扱う場合には、リース資産については、未払リース料相当額は負債として計上し、見合としてのリース資産を、その他償却資産に準じて評定する。
無形固定資産	（1）観察可能な市場価格がある場合には、当該市場価格により評定する。 （2）観察可能な市場価格がない場合には、専門家による鑑定評価額や取引事例に基づき適正に評価した価格を合理的に算定された価額として評定する。 （3）類似した資産がなく合理的な評定額を見積もることが出来ない場合には評定額は零とする。 （4）本評定前に債務者が有償で取得したのれんは無形固定資産として評定するが、この場合、評定基準日において個別に明確に算定することができるものに限ることに特に留意する。
有価証券（投資有価証券含む）	（1）観察可能な市場価格がある場合には、当該市場価格により評定する。 （2） 観察可能な市場価格がない場合には、合理的に算定された価額により評定する。この場合、株式については日本公認会計士協会が策定した企業価値評価ガイドラインの評価方法等を参考とする。 （3）観察可能な市場価格及び合理的に算定された価額が存在しない社債及びその他の債券については、当該債券について償却原価法を適用した価額から貸倒見積額を控除した価額により評定する。
関係会社株式	（1）観察可能な市場価格がある場合には、当該市場価格により評定する。 （2）観察可能な市場価格がない場合には、合理的に算定された価額により評定する。この場合、日本公認会計

	士協会が策定した企業価値評価ガイドラインの評価方法等を参考とする。
その他の投資	（1）長期前払費用については、「前払費用」に準じて評定する。 （2）敷金については、預託金額から契約により返還時に控除される額、原状回復費用見積額及び賃貸人の支払能力による回収不能額を控除した価額で評定する。 （3）建設協力金については、「貸付金」に準じて評定する。なお、無利息等一般の貸付金と条件が異なる場合には、建設協力金に関する一般に公正妥当と認められる企業会計の基準に準拠して評定することができる。 （4）差入保証金については、「貸付金」に準じて評定する。 （5）ゴルフ会員権等については、会員権相場のあるゴルフ会員権等は、相場による価額により評定する。会員権相場のないゴルフ会員権等は、入会金等に相当する部分は評定額は零とし、預託保証金に相当する部分は額面金額から貸倒見積額を控除した額により評定する。 （6）貸倒見積額は預託先の信用状況、経営状況等を考慮して見積もる。 （7）保険積立金については、評定時点において解約したと想定した場合の解約返戻金相当額により評定する。
繰延資産	繰延資産については、原則として評定額は零とする。
繰延税金資産・繰延税金負債	繰延税金資産及び繰延税金負債については、原則として、繰延税金資産及び負債に関する一般に公正妥当と認められる企業会計の基準に準拠して評定する。この場合、事業再生計画の内容等に基づき回収可能性について特に慎重に判断する。なお、一時差異等の認識に当たっては、本評定基準による資産及び負債の評定額と課税所得計算上の資産及び負債の金額の差額を一時差異とみなすものとする。

裏書譲渡手形・割引手形	裏書譲渡手形及び割引手形については、割引手形買戻債務等を認識して負債計上し、見返勘定として回収見込額を手形遡及権として資産に計上する。 又は、割引手形買戻債務等から回収見込額を控除した額を債務保証損失引当金として負債に計上する。
貸倒引当金	（1）個別引当の設定対象となった債権について、本基準に基づき別途評定が行われているときは、当該債権についての貸倒引当額を取り崩す。 （2）一般引当の設定対象となった債権について、本基準に基づき別途評定が行われているときは、当該債権についての貸倒引当相当額を取り崩す。
退職給付引当金	（1）退職給付に関する一般に公正妥当と認められる企業会計の基準に準拠して設定するが、未認識過去勤務債務及び未認識数理計算上の差異については評定時に認識して計上又は取り崩す。 （2）退職が見込まれる従業員がある場合には支給予定額を計上する。 （3）中小企業等で合理的に数理計算上の見積りを行うことが困難である場合は、退職給付に関する一般に公正妥当と認められる企業会計の基準に準拠して簡便な方法を用いることができる。
その他の引当金	（1）引当金の設定対象となる資産及び負債について当基準に基づき評定が行われているときは、関連する引当金の額の見直しを行う。 （2）関係会社の整理又は余剰人員の整理等事業再構築等に要する費用の見積額で、他の資産等の評定額に反映されていない額は事業再生計画に基づき「関係会社支援損失引当金」「事業再構築引当金」等の名称により引当金を計上する。

保証債務等	（1）保証債務については、保証債務の総額を負債として計上し、同額の求償権を資産に計上し貸倒見積額を控除する。貸倒見積額は主債務者の返済可能額及び担保により保全される額等の求償権の回収見積額を控除した額とする。 又は、保証債務の総額から求償権の回収見積額を控除した額を債務保証損失引当金として負債に計上する。 （2）評定基準日後に保証を履行し、又は保証履行を請求されている保証債務が存在する場合にも、（1）と同様に評定する。 （3）他の債務者の債務の担保として提供している資産がある場合等で、当該資産について担保権が実行される可能性が高い場合についても、保証債務に準じて評定する。
デリバティブ取引	（1）市場価格又はこれに準じて合理的に算定された価額により評定する。 （2）ヘッジ取引についてはヘッジ対象資産及び負債について本基準に基づき評定した場合には、ヘッジ手段であるデリバティブ取引についても本基準に基づき評定する。 （3）複合金融商品を構成する個々の金融資産又は金融負債を一体として評定単位とすることが適当な場合には一体のものとして評定する。
	法人格の継続を前提とした自らの事業に関するのれんについては、「無形固定資産」ののれんに準じて、評定基準日において個別に明確に算定することができるものに限って評定することができ、それ以外の評定額は零とする。

（株式会社整理回収機構HP　https://www.kaisyukikou.co.jp/intro/intro_006_23_5.pdf）

〔向井　良＝須藤克己〕

COLUMN

過年度の赤字を疑え

タイトルをみて「ん？黒字じゃなくて赤字を疑うの？」と思ったそこのあなた。その感覚、正常です。

本当は赤字だったけれど銀行の目を気にして黒字に見せかけていたという粉飾のニュースはそれなりに見かけます。本当は経営が苦しいけれど安定的な資金繰りを確保するために、今銀行に引かれては困る……という（粉飾の）動機は理解がしやすいものです。ちょっと細かい話ですが、建設業では、入札において一般財団法人建設業情報管理センター（CIIC）が公表する経営事項審査の点数が重要視されていますが、利益の額がその点数の算定に含まれているため、黒字にしておきたいという動機が生じます。

しかし、本当は黒字だったけれども赤字にしたいと思う経営者もいます。それは、利益を出したら税金を払わなければならないからです。「税金を払いたくない！」というのは、きっと多くの経営者が思っていることですが、それが行き過ぎると決算を操作する十分な動機になり得ます。もちろん、やってはダメなことですけども。

また、配偶者が経営している会社の決算書をみると前年度は大赤字になっていて……というときには、「ちょっと待てよ、その赤字は一時的なものじゃないか？」と疑ってみるといいと思います。単年度なら売上げを翌期に回すなどすれば赤字にしやすいものです（その赤字、ひょっとすると離婚に向けての準備かもしれませんよ。個人事業主に毛が生えたような零細企業ならあり得ることです)。

2期分の決算書を見比べたくらいではこのような動きはなかなか見抜きにくいものですが、過去5期分くらい決算書を並べてみるとそのトレンドから不自然な資産の動き（たとえば、資産の評価替え）や売上げの増減に気付くことがあります。また、月次の売上推移や仕入推移をみることも十分意味のあることです。

数字は正しいと思わず、まず疑え。その数字の意図を知ろうとしましょう。

5 交通事故事件

（1）会社役員の交通事故

Q14 **会社役員が交通事故に遭い、怪我をして入通院をすることになりました。また、治療を終えても後遺障害が残りそうです。この交通事故の加害者は、誰に対してどのような賠償責任を負うことになるでしょうか。また、損害の検討をするときに、役員を務めている会社の決算書がどのような形で証拠になるでしょうか。**

A

１．会社役員の交通事故による損害賠償の留意点

役員と会社のいずれに損害が発生したものと構成するのかを検討しなければなりません。また、役員の休業損害、後遺障害逸失利益の算定根拠となる基礎収入や、休業損害・労働能力喪失による逸失利益の存否・金額の検討にあたり、決算書を紐解くことによって役員の実際の業務内容を推認することができます。

２．会社役員が交通事故によって怪我をした場合の休業損害及び後遺障害逸失利益が争点となる場合に、その役員が従事している会社の会計書類の検討が必要となることがあります。

（１）基本的な考え方（事故当事者である役員個人の損害）

交通事故による休業損害は、通常、交通事故による怪我及び治療によって労務に従事できなくなり、そのために「収入が減少」したことを理由に認められる損害です。通常の従業員であれば、私傷病による休業日に対して、給与が支払われなければ（又は、使う必要のない年次有給休暇を使用したのであれば）、その労務対価の日額に日数を掛けた金額が

休業損害とされます（日数について、入院日数をすべて対象とすることが原則ですが、通院期間中については、実通院日に限るか、通院期間の日数まで対象とするかは、傷害の内容に応じて検討されることになります。具体的には、通院していない日には労務に服することが可能であったかどうかによります）。

交通事故によって傷害を負った者が会社役員の場合、このように単純に考えることができません。役員の収入には、労務の対価といえる部分だけでなく、会社の利益配当の部分も含まれていると評価されることが少なからずあるからです。会社役員が事故で仕事ができなかったとしても、利益配当の部分は影響を受けない場合が多いでしょう。

後遺障害逸失利益は、通常、交通事故前の基礎収入額に対して、後遺障害の内容に応じた労働能力喪失率によって将来の減収が生じ、それが就労可能年数にわたって継続することを想定して算定される損害です。この算定にあたり、後遺障害等級に応じた労働能力喪失率が認定されるのが原則ですが、就業先や従事している業務の内容（特に業務に与える支障が少ない後遺傷害であるとみられる場合）によっては等級表によって示された喪失率どおりに労働能力が喪失されていると評価されない場合もあります。

交通事故によって後遺障害を負った者が会社役員の場合でも、基本的な考え方は同様です。しかし、休業損害の算定のときと同様に、役員の収入には利益配当の部分もあり得ますので、後遺障害によって利益配当が減少すると考えられる特段の事情がなければ、労務対価部分のみを基礎収入として評価すべきことになります。

傷害による入通院の期間中も役員報酬の額が変わらない場合、役員には休業損害が生じていないと主張されることがあります。この場合には、労務対価といえる部分があるかどうか、具体的には月額報酬のうちどの程度であるかが、争点となります。

なお、役員報酬については、定期定額でなければならない（会社が損金として算入できない）という原則（法人税法34条１項１号）がありますが、「役員の職務の内容の重大な変更その他これらに類するやむを得ない事情」（法人税基本通達９－２－12の３）があれば変動をしていても経費算入が可能とされています。したがって、労務の提供が困難となった場合にその期間については臨時的に役員報酬を減額しても、会社が税務上の不利益を受けずに済みます。このようにして、実際に役員報酬の減額をしたときには、それが労務対価部分として妥当な金額であれば、役員の休業損害として明確な主張をしやすいといえます。

役員報酬額	
労務対価部分 業務に実際に従事したことによる対価の部分。休業損害・逸失利益の基礎収入となる。	**利益配当部分** 会社の所有者・支配者として利益配当の趣旨で支払われた部分。休業損害・逸失利益の基礎収入とならない。

（２）具体的な事案

交通事故によって休業し又は後遺障害を負った役員の損害の有無、金額を適切に把握するためには、役員報酬のうち労務対価部分を示すために、会社の状況、業務の内容、休業中の業務と経営への影響など、明らかにしなければならない要素があります。

一般に、小規模会社であればあるほど、会社が役員の労務に依存している可能性が高いといえます。一方で、家族や親族で役員が構成されている同族会社では、社長を務めている中心的な人物以外は名目的役員にすぎないことも多くあります。その中心的な人物は労務対価部分が大きくなりますが、その他の名目的役員は利益配当部分が大きいと評価されます。たとえば、夫が代表取締役社長、妻が非常勤監査役という役員構成であれば、妻の役員報酬は利益配当の性質が強いと思われますが、仮に妻がほぼ常勤で経理事務を行っていたという場合には、労務対価部分が大きいといえます。

この判断は、具体的な事案に即した個別的なものとなります。建物解体業者の代表者の休業について、代表者の職務内容に肉体労働が多いこと等を理由として、役員報酬全額を労務提供の対価として休業損害を認めた例（千葉地判平成6・2・22交通民集27巻1号212頁〔29006460〕）、会社役員の80％の仕事が現場での仕事で、税務上も所得が給与所得として処理されているときに、所得の金額が労務提供の対価であるとして給与全額を休業損害の算定の基礎に認めた例（名古屋地判平成2・8・10交通民集23巻4号994頁〔29004488〕）もあります。一方で、設立して間もない会社の代表取締役と取締役の夫婦である被害者らが、役員報酬として確定申告をした金額について、会社の収支を釣り合わせるための名目的な支出にすぎず、会社設立の目的も個人事業では社会的信用に乏しいため受注をスムーズにすることにあったため、現実にその収入を得ていたとは認められないとして、役員報酬額を休業損害の基礎収入とすることを認めず、賃金センサスによる平均年収を採用して休業損害を計算した例（東京地判平成7・1・13交通民集28巻1号30頁〔28010935〕）もあります。経理上の処理のみならず、実際に支払がされていたかどうかに着目した裁判例として、当該役員に対して実際に支払われていた役員報酬20万円のみを労務対価性があるものと認め、役員報酬として計上しながら未払にしていた20万円については休業損害と認めなかった例（大阪地判平成18・6・20交通民集39巻3号823頁〔28131405〕）があります。

（3）決算書・会計書類の検討を要する点

会社から役員に支払われている役員報酬は、役員ごとに事業年度内（通常は12か月）の合計額が勘定科目内訳明細書（別冊No.4）の「役員給与等の内訳書」に記載されています。役員報酬額の推移を検討しようとするのであれば、複数の事業年度分の「役員給与等の内訳書」を照らしあわせることによりそれが可能となります。

また、それぞれの役員が常勤であるか非常勤であるかについても「役員給与等の内訳書」に記載がされるようになっています。たとえば、調査の対象となる役員が非常勤役員となっている場合は、従業員と同視できるほど労務を提供しているとはいい難く、休業損害が認められにくい結果となるでしょう。役員が常勤であり、従業員と変わらない労務の提供をしていたといえるかどうかを判断するためには、会社の規模、特に従業員の人数と役員の人数が判断材料の１つとなります。業務に対して従業員数が十分でなく、役員が従業員と同等に労務を提供しなければならない状況であるかどうか、従業員の平均的な賃金と役員報酬の額にどの程度の乖離があるか、などの情報の積み重ねによって、役員による労務提供がされていたかどうかが評価されます。これらの情報も「役員給与等の内訳書」に記載されている情報からうかがい知れますが、さらに法人事業概況説明書（別冊No.8参照）にもヒントがあります。法人事業概況説明書には従事員等（役員・従業員等）の内訳数や、事業内容、支店数、労務費、販管費のうち役員報酬と従業員給料の内額などが記載されています。売上げの減少や代替労働のための費用、外注費の増大についても、法人事業概況説明書の２頁目に記載されています。月別の売上金額、仕入金額、外注費、人件費、従事員数が記載されていますので、事故の発生した月の前後の変化、事業活動・収益の季節的な傾向、当該役員の治療中と治療終了後の変化が如実にわかることがあります。

役員報酬が計上されているものの、全額支払われておらず貸付金に振り替えられている場合には、会社がその役員に支払うことができる対価は額面よりも小さいのではないかと考えられます。そのような処理をしている場合は、役員貸付金が年々増加しますので、勘定科目内訳明細書（別冊No.4）の「借入金及び支払利子の内訳書」に記載された役員を借入先とする期末現在高が前年度、前々年度に増えているかどうかを参照します。比較的高めの役員報酬が計上されながら、役員からの借入金が増加しているようであれば、実際には会社が役員報酬の全額を支払えていない可能性がうかがえます。最終的には、総勘定元帳から役員報酬の部分の開示を受けることを検討し、役員報酬の反対科目が現預金ではなく仮払金や借入金になっているかどうかが確認できます。

3．会社の企業損害としてのとらえ方をして、会社を債権者とする請求も考えられます。

会社が役員報酬を全額支払い、役員個人には休業損害が発生していないと評価される場合には、会社に企業損害が発生しているといえる場合があります。たとえば、休業した役員の行うべき業務に代わって外注費用が発生していたり、営業に従事している役員の休業によって会社の売上げや利益が減少していたりするときには、間接損害・反射損害ではありますが、交通事故と会社の損害の間に因果関係があると認められる余地もあります（東京地判昭和61・5・27判タ621号162頁〔29003109〕等)。

このような主張・立証を行おうとする場合、会社の規模、役員の通常の業務内容（重要性・不可欠性）とともに、傷害の内容が業務に従事することが困難なものであったかどうか、会社内において他の役員・従業員による代替性がないかどうか、事故前の一定期間あるいは前年同時期の売上げ・利益との比較、変動経費の減少がないかどうか、外注等の増加コストの必要性・相当性、具体的な商談等の予定や機会の喪失など、具体的な事実と資料を踏まえたものでなければなりません。

会社は交通事故の当事者ではありません。被害者が役員を務める会社に損害が生じることは、加害者には通常予見できないものです。このような間接的・反射的な損害についての主張・立証のハードルは、役員個人の休業損害を立証する場合に比べて、高い場合が多いでしょう。

間接損害として企業損害を認めた事例としては、最判昭和43・11・15民集22巻12号2614頁〔27000895〕(「被上告会社は法人とは名ばかりの、俗にいう個人会社であり、その実権は従前同様A個人に集中して、同人には被上告会社の機関としての代替性がなく、経済的に同人と被上告会社とは一体をなす関係にあるものと認められる」とし、「上告人のAに対する加害行為と同人の受傷による被上告会社の利益の逸失との間に相当因果関係の存することを認め、形式上間接の被害者たる被上告会社の本訴請求を認容しうべきもの」とした原審の判断は正当であるとされている）などがあります[16)]。

なお、会社が事故により休業した期間を含めて役員に対して報酬の全額を支払っている事例において、会社による損害賠償請求権の代位行使（民法422条の類推適用）として構成した請求について、会社を原告とする請求が認容されている裁判例もあります（東京地判令和元・8・29平成31年（レ）118号公刊物未登載〔29056044〕)。この事例では、役員報酬全体（月額200万円）の2分の1について労務対価部分と認定しています。

〔兒玉浩生〕

16）決算が赤字となっている小規模会社の経営者が被害を受けた交通事故における休業損害及び逸失利益の考え方については、松本真「赤字事業を営む経営者の休業損害と逸失利益の算定における基礎収入額」（公益財団法人日弁連交通事故相談センター東京支部編『民事交通事故訴訟 損害賠償額算定基準（いわゆる「赤い本」）2014年下巻（講演録編）』25頁）が参考になります。

（２）個人事業主の交通事故

Q 15

個人事業主が交通事故に遭い、重度の後遺障害を負いました。被害者から依頼を受けて損害賠償請求をするのですが、被害者は所得税の確定申告における所得よりも実際には多くの収入があった、と主張しています。税金を抑えるために経費を多く申告していたというのですが、実際の所得に応じた損害賠償を受けることができるのでしょうか。

A

１．個人事業主が交通事故によって休業損害・逸失利益を生じたか否かについての基本的な考え方

個人事業主が交通事故の傷害・後遺障害によって受けた損害（休業損害・逸失利益）の賠償請求をするにあたり、基礎収入の算定は、原則として所得税の確定申告書の控え及びその添付書類等をもとに行われます。もちろん、転職や外部的な要因（景気や災害等による大きな変動など）があり、事故当時と将来予定されている収入が前年の所得実績から推認できない場合は、別の判断材料によらざるを得ません。しかし、仕事に大きな変動がないとき、最も客観的な証拠資料は、前年度の確定申告書となります。

ところが、個人事業主は、収入を過少にしたり、経費を過大にするなどして、所得を抑えていることが少なからずあります。そのような場合には、申告所得額ではなく実際の所得額をもとに休業損害・逸失利益を主張することが考えられます。

適正な確定申告をして納税をすべきであるのに、自ら過少申告をして納税を免れておきながら、損害賠償の場面では実態どおりの所得を根拠とする請求を行うのは不誠実であり、信義則の観点から認められないという考え方もあります。一方で、申告納税は国や自治体との関係での行政手続に関する問題であり、交通事故の当事者間の賠償義務の帰すうに

影響するものではない、とも考えられます。

裁判所は、確定申告書に記録されている所得額を上回る所得を得ていたことが客観的に信用し得ると判断したときには、蓋然性が認められる金額を基礎収入としているものと考えられます。

2．具体的な主張方法

もっとも、被害者が自ら確定申告をした所得額を否定して、これよりも多くの所得を得ていたと認定されるためには、相応の客観的資料によって証明をしなければなりません。税務調査のときに確認を受けて収入の計上漏れを指摘され、あるいは支出の経費性を否定される根拠となるような、客観的で信用性の高い一次資料（通帳、伝票類、現金出納帳など機械的に作成されており事後的な作為が及んでいないもの）を用意して、合理的な疑いを入れない程度の証明が必要となります。逆にいえば、税務調査に備えて実際の収入を裏付ける証拠資料を処分していると、このような立証活動は困難になります。

加えて、所得金額が非常に低い場合（ぎりぎり黒字になるように、本来は家計で支出すべきものを経費を計上している場合など）には、被害者の生活水準がそれに見合ったものでないこと（申告どおりの所得では到底そのような生活ができないこと）など間接的な主張・立証も必要となります[17)]。

このような証拠をもとに収入と経費を再度算定するとしても、証拠の信用性が万全であるとは限らず、経費支出の事業性も明確に否定できるとは限りません。申告所得額よりも多くの所得があったとは認められるものの、具体的にその金額がいくらであったと判断することは難しい場合が多いでしょう。そのような場合には、被害者が賃金センサスや業種別所得階層などの統計資料上の平均賃金・平均所得と同等か少なくとも

17）決算が赤字となっている個人事業主が被害を受けた交通事故における休業損害及び逸失利益の考え方については、松本・前掲25頁が参考になります。

それ以上の所得を得ていたという主張がされ、認定されることがあります。

なお、被害者が主張している所得額が真実なのであれば、被害者は修正申告をして過年度について追加の納税をすべきであるとも考えられます。このような修正申告がなされていなくとも申告書と異なる基礎収入を認定している裁判例もありますが、修正申告がなされている方が裁判所としても実態の基礎収入に近い認定をしやすいものと想像されます（もちろん、修正申告をしたからといって必ずしも修正どおりの所得額の認定がされるとは限りません）。

（参考文献）
大阪地裁民事事実認定研究会編『判例からみた書証の証拠力』新日本法規出版（2015年）278頁
坂東総合法律事務所編『実務家が陥りやすい交通事故事件の落とし穴』新日本法規出版（2020年）80頁

〔兒玉浩生〕

6 労　働

整理解雇

Q16 整理解雇を検討する相談があったとき、会社の決算書等はどのようなポイントで検討しておかなければならないでしょうか。

A

１．整理解雇の４要件

使用者による労働者の解雇は、一般に、客観的に合理的な理由を欠き、社会通念上相当であると認められない場合は、権利濫用として無効とする解雇権濫用法理（労働契約法16条）によって制約が加えられています。そのうち、使用者が経営上の必要性から人員削減をするために行う解雇を整理解雇と呼びますが、整理解雇は、使用者による労働者の解雇のうちでも、使用者側の事情に起因するものであるため、判例法理によって、特に厳しい制約が課されています。その判断要素は、一般に整理解雇の４要素（４要件）と呼ばれるものであり、①人員削減の必要性、②解雇回避努力、③人選の合理性、④手続の妥当性の４つの要素から、解雇権濫用にあたらないかを判断しようとするものです（東京高判昭和54・10・29判タ401号41頁〔27612913〕（東洋酸素事件））。使用者が上記①～③について主張・立証責任を負い、労働者が上記④について主張・立証責任を負うと解されています。

２．人員削減の必要性

裁判所は、上記１．①人員削減の必要性は、基本的には会社の高度な経営判断を伴う事項であると理解して、その経営判断を尊重する傾向にあるとされています。とはいえ、上記のとおり、人員削減の必要性は使用者にその主張・立証責任があるとされていることから、訴訟においては、使用者が会社の決算書等から適切なものを選んで証拠として提出して、その経営判断が合理的なものであることを主張・立証しなければなりません。

使用者が決算書等の客観的な裏付け資料を提出していなければ、人員削減の必要性を基礎付ける事実の立証がなされていないものとして、人員削減の必要性があったとは認められない方向に判断される可能性が高まります。たとえば、解雇時点より前の期までの決算書等では人員削減の必要性を検討するのに適切な資料とはいえないとした事例（東京地決平成18・１・13判タ1217号232頁〔28111805〕（コマキ事件））、使用者が損益計算書等を提出するのみで、貸借対照表、キャッシュ・フロー計算書を提出しないので、流動性比率や支払能力比率を計算することができず、倒産の危機又は高度の経営の危機にあるか分析できないため、人員削減の必要性を認めるに足りないとした事例（東京地判平成23・９・21労働判例1038号39頁〔28180433〕（ジェイ・ウォルター・トンプソン・ジャパン事件））、使用者による貸倒引当金の計上の主張に対して、当該時期の決算書が提出されていないので認定できないとした事例（横浜地判平成23・１・25判タ1343頁86頁〔28170835〕（テクノプロ・エンジニアリング事件））などがあります。

次に、決算書等の内容面でみると、単年で営業利益が赤字となっていれば直ちに人員削減の必要性を満たすというものではなく、数期の決算の比較によって経営状況の推移を分析して、単に経営状態が悪いという状態にとどまらず、真に人員削減が必要な状態かを検討するのが一般的です。たとえば、直近６年分の償却前収支、キャッシュ・フローの推移を比較して、収支の改善を要する財務状況だったと認めた事例（大阪地堺支判平成21・12・18労働判例1006号73頁〔28160636〕（泉州学園事件））、３期の売上高、給料手当、外注費、営業利益の推移をみて、外注費支出額が減少しておらず、人員整理の必要性を強く疑わせることを指摘した事例（東京高判平成22・12・15労働判例1019号５頁〔28171051〕

（ジョブアクセスほか事件））、単年度は経常利益が赤字だったもののそれ以外の数年間は黒字だったこと、関連会社に対して多額の債権放棄をしているのに指導料名目で多額の費用を支払い続けていたこと等を消極事情として指摘する事例（前掲平成23年横浜地判〔28170835〕（テクノプロ・エンジニアリング事件））などが挙げられます。

3．解雇回避努力

次に、人員削減の必要性が認められる場合であっても、整理解雇という最後の手段をとる前に、解雇以外の手段をとってできる限り解雇を回避すること（上記1．②解雇回避努力義務）が求められます。一般には、希望退職者の募集、労働時間の短縮、余剰人員の出向・配転、新規採用の中止、一時帰休などのなし得る措置をとることが必要であるとされています。これらの措置（解雇回避努力）をどの程度とる必要があるかは、当該企業の状況によるもので、人員削減の必要性と関連して相対的なものともいえます。

これらの措置を講じたものといえるか判断するポイントとして、決算書等から読み取れるもので典型的なのは、希望退職者の上積み条件の資金捻出や希望退職者数の絞り込みのために、役員報酬等の経費削減の努力が尽くされているかという点です。特に、高額な役員報酬の見直しがなされていなかったときに、解雇回避努力が尽くされていないとされた事例は数多くあります（たとえば、希望退職の募集にあたって、役員報酬の削減をしておらず、退職条件にあてる費用捻出策を講じなかったものと指摘した事例（東京地判平成24・2・29労働判例1048号45頁〔28181410〕（日本通信事件））など）。

役員報酬は、損益計算書上、「販売費及び一般管理費」に表示されますが、従業員部分（使用人職務分）が分けられていれば給料手当に計上されるものです。損益計算書の役員報酬の項目だけみても十分でない場合があり、勘定科目内訳明細書（別冊No.4参照）の「役員給与等の内訳書」を確認する必要もあります。

会社が法人税の申告にあたって添付する法人事業概況説明書（別冊No.8参照）には、会社の従業員数（うち、常勤役員数、代表者家族数など）や同族会社の場合には代表者に対する報酬等の金額（報酬、貸付金、賃借料等）を記載する欄もあり、これらの数年分の比較によって、数年間の人員変動や、代表者への経費削減等がされているかを把握できる場合もあるでしょう。

4．その他の要素

上記１．④手続の妥当性の要素は、使用者が整理解雇をしようとするにあたっては、労働者に事前に説明を行い、誠意をもって協議することをいうものですが、その手続が適正に行われたというためには、労働者又は、労働組合の求めに応じて、人員削減の必要性等を裏付ける資料を提示して説明することが必要です。その点で、弁護士としては、事前の説明の段階で決算書等をどの範囲でどのように開示するのが適切かも、よく検討することが必要といえます。

なお、会社が開示しなかったとしても、事後的に、決算書等は、文書提出命令の対象となり得ることにも留意は必要です（Q17参照）

5．雇止めの場合

有期労働者の更新拒絶（雇止め、労働契約法19条）の場面においても、雇止めの必要性、雇止め回避努力の点で、整理解雇の場合と同様の要素によって検討されることになります。

〔向井　良〕

7 民事執行

民事執行における決算書等の説明

Q17 ある会社に対する金銭請求について、債務名義を得たものの、任意に支払ってもらえません。民事執行によって回収するために、決算書等を役立てることはできるでしょうか。

A

1．基本的な考え方

会社に対して債務名義を得たにもかかわらず、任意に弁済がされないときには、強制執行を検討します。民事執行法に基づいた差押えをしようとする場合、その対象とする会社の財産（不動産や債権）を特定する必要があります。

残高のある会社の預貯金口座を差し押さえることができれば、回収は容易です。債権執行を申し立てる場合、民事執行規則133条２項は「債権を特定するに足りる事項」を「明らかにしなければならない」と規定しています。具体的には、口座番号の特定までは不要ですが、第三債務者である金融機関を特定するだけでは足らず、支店名の特定をしなければなりません（特定の金融機関の全店舗に順序を付した預金差押えが不適法とされた事例として、最決平成23・９・20民集65巻６号2710頁〔28174063〕があります）。

つまり、債務者である会社の預貯金を差し押さえようとするときには、預貯金を保有している金融機関名と支店名を特定しなければなりません。このようなとき、勘定科目内訳明細書を入手することができれば、預貯金がどこにあるのか（期末の時点でどの程度の残高があったのか）が一目瞭然です。

そのほか、不動産や売掛金債権をどこにもっているのかについても、勘定科目内訳明細書によってたちどころに明らかになります。これを入手することができれば、執行がかなり容易になります。

しかし、通常は、勘定科目内訳明細書が債権者の手にわたっていることは多くなく、執行を検討する段階になって新たに入手することも難しいものです。その会社に融資している金融機関ですら、勘定科目内訳明細書を提出させておらず、手元にないこともあります。

2．具体的な方法

「総論4　決算書の入手方法」で解説したとおり、会計帳簿、計算書類等を相手方又は第三者から入手する方法があります。しかし、勘定科目内訳明細書について、民事執行の目的のために必要になった後で開示を受けることは容易ではありません。

取引を開始する時点で、基本契約の締結をするにあたり、勘定科目内訳明細書を含む決算書、申告書の控えなどの開示を受けていれば、その際の書類が参考となります。立場の強い取引先に対しては、このように決算書等が開示されていることがあります。

取引を開始するときに決算書等を入手していなかった場合であっても、たとえば、一度支払を猶予する際などに、決算書等の開示を条件とすることにより、次に弁済が滞ったときのためにあらかじめこれを入手しておくことができます。

令和2年4月施行の改正民事執行法（令和元年法律第2号）によって、財産開示手続が強化されました。具体的には、拒否に対する罰則が強化されたことにより（民事執行法213条）、出頭した債務者に対して財産に関する質問をして回答を得る機会が増えました。また、あわせて、債務者以外の第三者から情報を取得する手続が新設されました（民事執行法205条～210条）。これにより、特に、金融機関から預貯金債権や上場株式、国債等に関する情報を取得することができるようになりました。改正後の民事執行法によっても情報の取得には諸条件が残されており、使いづらい場面はありますが、上記のとおり決算書等の入手が困難な場合が多いため、これらの手続を活用し執行に必要な情報を得ていくことが考えられます。

〔兒玉浩生〕

8 事業承継

事業承継における決算書の検討

Q18 事業承継（相続を含む）における自社株評価について、会社の決算書等はどのような目線で検討しておかなければならないでしょうか。そもそも自社株評価は、どういう方法で計算されるのでしょうか。

A 現経営者（株主）の保有している株式が後継者や相続人に承継される際にまず問題となるのが、その株式の評価です（事業承継で問題となる会社はほとんど上場企業ではなく非上場企業のはずですので、以下では非上場企業であることを前提に話を進めます）。

決算書は株価算定の計算の基礎資料になりますので、決算書に計上されている資産のうち特に補正をすべき資産がないかどうか（純資産の額も実態を反映して修正されることになります）を株価の算定前に慎重に検証する必要があります。

株式の評価方法については、タックスアンサーNo.4638「取引相場のない株式の評価」[18) 及び「取引相場のない株式（出資）の評価明細書」[19) が参考になります。

それでは、以下のフローチャートで、評価方法・計算方法について概略を説明していきます。

18）https://www.nta.go.jp/taxes/shiraberu/taxanswer/hyoka/4638.htm
19）https://www.nta.go.jp/taxes/tetsuzuki/shinsei/annai/hyoka/annai/1470-01.htm

〈フローチャート〉

同族株主か？

NO → 配当還元方式※

YES ↓

特定の評価会社以外		
大会社	中会社	小会社
類似業種比準価額方式 （純資産価額方式も可）	類似業種比準価額方式と純資産価額方式の併用	純資産価額方式（類似業種比準価額方式と純資産価額方式の併用も可）

特定の評価会社
①～⑤は原則として純資産価額方式による評価、⑥は清算分配見込額が評価となる。
①類似業種比準価額方式で評価する場合の３つの比準要素である「配当金額」、「利益金額」及び「純資産価額（簿価）」のうち直前期末の比準要素のいずれか２つがゼロであり、かつ、直前々期末の比準要素のいずれか２つ以上がゼロである会社（比準要素数１の会社）の株式
②株式等の保有割合（総資産価額中に占める株式、出資及び新株予約権付社債の価額の合計額の割合）が一定の割合以上の会社（株式等保有特定会社）の株式
③土地等の保有割合（総資産価額中に占める土地などの価額の合計額の割合）が一定の割合以上の会社（土地保有特定会社）の株式
④課税時期（相続又は遺贈の場合は被相続人の死亡の日、贈与の場合は贈与により財産を取得した日）において開業後の経過年数が３年未満の会社や、類似業種比準価額方式で評価する場合の３つの比準要素である「配当金額」、「利益金額」及び「純資産価額（簿価）」の

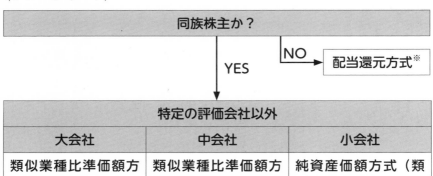

直前期末の比準要素がいずれもゼロである会社（開業後３年未満の会社等）の株式
⑤開業前又は休業中の会社の株式
⑥清算中の会社の株式

※原則としては配当還元方式ですが、同族株主と同じように評価した価額が配当還元方式による評価額よりも低かった場合は、同族株主と同じように評価した価額を採用します。

〈算定方法〉

方式	説明
類似業種比準価額方式	類似業種の株価を参考に計算する方法です。 類似業種の株価※１×比準割合※２×調整額※３ ※１：国税庁HPで毎年度「類似業種比準価額計算上の業種目及び業種目別株価等について」という法令解釈通達が出されておりそれを参照する。 ※２：（１株あたり配当金額÷類似業種の１株あたりの配当金額＋１株あたり利益金額÷類似業種の１株あたりの年利益金額＋１株あたり純資産価額÷類似業種の１株あたりの純資産価額）÷３ ※３：大会社は0.7、中会社は0.6、小会社は0.5
純資産価額方式	会社を清算したと仮定した場合の１株あたり純資産額により株価を評価する方法です。
配当還元方式	会社から受け取る配当額から評価する方法です。 （過去２期の平均配当額（※）÷（資本金・資本積立金の額÷50円）÷10％）×（資本金の額÷（発行済株式総数－自己株式数）÷50円） ※２円50銭未満の場合には２円50銭として計算を行う。

① まず、同族株主か否かの判定を行います。

「同族株主」とは、株主の１人及びその同族の有する議決権の合計数が会社の議決権総数の30％以上である場合におけるその株主及びその同族をいいます。ただし、株主の１人及びその同族の有する議決権の合計数が最も多いグループが50％超の議決権を有する場合は、（その他に議決権総数の30％以上保有するグループがいても）そのグループが同族株主となります。

同族株主でない場合は、原則として配当還元方式を採用します。

② 特定の状況（清算や休業等）や特定の会社（土地保有特定会社等）の株式かどうかを判定します。特定の状況や特定の会社である場合は、国税庁法令解釈通達189「特定の評価会社の株式」以下を参照して株価を算定します。

③ 特定の状況や特定の会社以外（要するに普通の会社）である場合は、会社規模により評価方法を決定します。大会社、中会社、小会社で評価方法が変わります。

ⅰ 大会社

大会社は、原則として、類似業種比準価額方式により評価します。ただし、純資産価額方式による評価を選択することもできます。

ⅱ 中会社

中会社は、原則として、類似業種比準価額方式と純資産価額方式を併用して評価します。両方式を併用する割合は、中会社をさらに大・中・小に分けて以下の算式で計算します。

評価額＝類似業種比準価額$\times \alpha +$１株あたりの純資産価額$\times (1-\alpha)$

区分	内容
大	類似業種比準価額×90％＋１株あたりの純資産価額×10％
中	類似業種比準価額×75％＋１株あたりの純資産価額×25％
小	類似業種比準価額×60％＋１株あたりの純資産価額×40％

iii　小会社

小会社は、原則として、純資産価額方式によって評価します。ただし、類似業種比準価額方式と純資産価額方式を併用する方法を選択することも可能です。この場合、類似業種比準価額×50％＋１株あたりの純資産価額×50％で計算します。

〔須藤克己〕

参考文献

・古田佑紀ほか編『法律家のための企業会計と法の基礎知識―会計処理と法の判断』青林書院（2018年）

・辺見紀男ほか編集代表『同族会社実務大全』清文社（2015年）

・東京弁護士会編著『法律家のための税法 会社法編＜新訂第７版＞』第一法規（2017年）

・三木義一監修、山田泰弘＝安井栄二編『新実務家のための税務相談 会社法編〈第２版〉』有斐閣（2020年）

・大手町のランダムウォーカー『会計クイズを解くだけで財務３表がわかる－世界一楽しい決算書の読み方』KADOKAWA（2020年）

・西山茂『「専門家」以外の人のための決算書&ファイナンスの教科書』東洋経済新報社（2019年）

・古田清和『財務諸表の読み方・見方－新会社法対応＜第２版＞』商事法務（2008年）

・片木晴彦「作成されていない計算書類等の謄本の交付請求の可否」『平成28年度重要判例解説』（ジュリスト臨時増刊1505号）有斐閣（2017年）114頁

・久保大作「取締役会設置会社の取締役の会社に対する会計帳簿等の閲覧謄写請求権」法学教室402号別冊付録（2014年）18頁

・玉井利幸「株主名簿の閲覧等請求の拒絶事由」鳥山恭一＝福島洋尚編『平成26年会社法改正の分析と展望』（金融・商事判例1461号）経済法令研究会（2015年）110-113頁

・吉田正之「株主が会社に対して計算書類等の閲覧またはその謄本の交付を求める請求に理由がないとされた事例（東京地裁平成27.7.13判決）」金融・商事判例1504号（2016年）２-７頁

・中東正文「株主による会社の書類への直接的アクセス」金融・商事判例1509号（2017年）１頁

・平田厚「家事事件手続法における職権主義の消極性と積極性」判例タイムズ1394号（2014年）49頁
・中武由紀「文書提出命令の審理・判断における秘密保護と真実発見（大阪民事実務研究会）」判例タイムズ1444号（2018年）28頁
・杉田宗久ほか『令和２年版STEP式法人税申告書と決算書の作成手順』清文社（2020年）
・川口宏之『いちばんやさしい会計の教本―人気講師が教える財務３表の読み解き方が全部わかる本』インプレス（2018年）
・尾中直也『エシカルな決算書のすゝめ―「粉飾」と「脱税」からみる会計学』青月社（2019年）
・野田美和子監修『別表の書き方がスラスラわかる法人税申告書虎の巻2019年申告用』ナツメ社（2018年）
・佐藤友一郎編著『法人税基本通達逐条解説＜９訂版＞』税務研究会出版局（2019年）
・矢部謙介『粉飾&黒字倒産を読む―「あぶない決算書」を見抜く技術』日本実業出版社（2020年）
・石田昌宏『「融資力」トレーニングブック粉飾決算の見分け方』ビジネス教育出版社（2008年）
・吉田有輝『決算書の読み方最強の教科書―決算情報からファクトを掴む技術』ソシム（2020年）
・EY新日本有限責任監査法人編『会社法決算書の読み方・作り方―計算書類の分析と記載例＜第14版＞』中央経済社（2020年）
・サリュ業務改善部会編著『交通事故事件処理の道標―ワンアップ実務解説！―実務をはじめからていねいに』日本加除出版（2020年）

事項索引
（50音順）

編集・執筆者一覧

（2022年２月１日現在）

編集代表

兒玉　浩生（こだま　ひろき）

2004年弁護士登録（広島弁護士会・57期）。兒玉法律事務所。

一橋大学法学部卒業、広島大学大学院社会科学研究科修了。2013年度広島弁護士会副会長。税理士法第51条通知弁護士（広島国税局）。広島弁護士会法律相談センター運営委員会副委員長。日本賠償科学会、情報ネットワーク法学会、租税訴訟学会会員。

須藤　克己（すとう　かつみ）

2012年弁護士登録（岡山弁護士会・新64期）。須藤法律事務所・株式会社中国銀行茶屋町支店長・藤戸支店長。

慶應義塾大学経済学部卒業、広島大学大学院法務研究科修了。中国銀行茶屋町支店長。日本弁護士連合会法律サービス展開本部委員。早稲田大学大学院法務研究科寄附講座招聘講師（2013年）。岡山大学法学部非常勤講師（2018年）。金融法学会会員。

執筆者（50音順）

近藤　剛史（こんどう　たけし）

2010年弁護士登録（広島弁護士会・新63期）。近藤・石口法律事務所。

広島大学法学部卒業、広島修道大学法科大学院法務研究科修了。広島弁護士会犯罪被害者の支援に関する委員会副委員長。

向井　良（むかい　りょう）

2008年弁護士登録（広島弁護士会・新61期）。弁護士法人広島総合法律会計事務所。

東京大学法学部卒業、東京大学大学院法学政治学研究科法曹養成専攻修了。2021年度広島弁護士会副会長。広島弁護士会労働法制委員会副委員長、同刑事弁護センター委員会副委員長。広島大学法学部客員准教授（倒産処理論）。

森山　直樹（もりやま　なおき）
2010年弁護士登録（広島弁護士会・新63期）。森山法律事務所。
中央大学法学部卒業、広島大学大学院法務研究科修了。日弁連刑事弁護センター委員会委員。広島弁護士会広報室室長、法律相談センター運営委員会委員。

別冊決算書資料集作成協力

長田　貴裕（おさだ　たかひろ）
2013年税理士登録（中国税理士会）。税理士法人児玉会計社員税理士。
専修大学大学院経済学研究科修了。行政書士登録。経営革新等支援機関登録。

研究会プロフィール

広島弁護士実務研究会
（ひろしまべんごしじつむけんきゅうかい）

広島弁護士実務研究会とは、広島に縁のある弁護士有志による研究会です。近年めまぐるしく変化している弁護士実務について、最新の情報を積極的に取得し、ジャンルを問わず議論、研究しています。今後も執筆陣の変動はありつつも、定期的に有用な書籍の執筆を目指していきたいと考えています。

＜既刊書籍＞
・『Ｑ＆Ａ弁護士のためのSNSの正しい活用術』第一法規（2018年）
・『～もし関係者の中に外国人がいたら～そんなときどうする法律相談Ｑ＆Ａ』第一法規（2020年）

サービス・インフォメーション

通話無料

①商品に関するご照会・お申込みのご依頼
TEL 0120(203)694／FAX 0120(302)640
②ご住所・ご名義等各種変更のご連絡
TEL 0120(203)696／FAX 0120(202)974
③請求・お支払いに関するご照会・ご要望
TEL 0120(203)695／FAX 0120(202)973

●フリーダイヤル(TEL)の受付時間は、土・日・祝日を除く 9:00〜17:30です。

●FAXは24時間受け付けておりますので、あわせてご利用ください。

そこが知りたい！
事件類型別　紛争解決への決算書活用術

2021年5月15日　初版発行
2022年2月10日　初版第2刷発行

編　著　広島弁護士実務研究会

発行者　田　中　英　弥

発行所　第一法規株式会社
〒107-8560　東京都港区南青山2-11-17
ホームページ　https://www.daiichihoki.co.jp/

装　丁　篠　　隆　二

決算書活用術　ISBN978-4-474-07402-6　C2032（1）

そこが知りたい!

事件類型別

紛争解決への

決算書活用術

別冊

決算書
資料集

第一法規

目次

No.1　現在事項全部証明書

※法人登記の現在事項全部証明書がこのような内容となっている会社の申告書等をサンプルとして収録しました。

現在事項全部証明書

広島市中区上八丁堀３３番８８号
広島第一工業株式会社

商　号	広島第一工業株式会社
会社法人番号	３４００－０１－０x３x８１５
本　店	広島市中区上八丁堀３３番８８号
公告をする方法	官報に掲載してする
会社成立の年月日	平成１５年　６月１５日
目　的	１　スポーツ用品の製造　販売並びに賃貸

	2．経営コンサルタント業 3．損害保険代理店業 4．生命保険募集に関する業務 5．労働者派遣事業 6．不動産の賃貸・管理・運営・売買 7．イベントの企画・運営 8．前各号に附帯関連する一切の業務
発行可能株式総数	５０００株
発行済株式の総数 並びに種類及び数	発行済株式の総数 ２０００株
資本金の額	金１０００万円
株式の譲渡制限に 関する規定	当会社の株式を譲渡するには、取締役会の承認を得なければならない。

広島市中区上八丁堀３３番８８号
広島第一工業株式会社

役員に関する事項	取締役　　　鈴　木　龍　馬	令和　２年　７月２７日重任
		令和　２年　８月　３日登記
	取締役　　　鈴　木　翔　太	令和　２年　７月２７日重任
		令和　２年　８月　３日登記
	取締役　　　菊　池　久　義	令和　２年　７月２７日重任
		令和　２年　８月　３日登記
	広島市南区南蟹屋二丁目５１番６３号	令和　２年　７月２７日重任
	代表取締役　鈴　木　龍　馬	令和　２年　８月　３日登記
	監査役　　　鈴　木　ちづる	令和　２年　７月２７日重任
		令和　２年　８月　３日登記
	監査役の監査の範囲を会計に関するものに限定	
	する旨の定款の定めがある	令和　２年　８月　３日登記
取締役会設置会社	取締役会設置会社	

監査役設置会社に関する事項	監査役設置会社

これは登記簿に記録されている現に効力を有する事項の全部であることを証明した書面である。

令和　２年１１月１６日

広島法務局

登記官　　　　衣　笠　浩　二　印

整理番号　Ｙ１９５０１９７５　　＊下線のあるものは抹消事項であることを示す。　　

No.2　法人税申告書

FB0611

別表一　各事業年度の所得に係る申告書－内国法人の分……令二・四・一以後終了事業

税務署受付印	令和 2 年 7 月 31 日 広島中税務署長殿	所管 / 業種目 / 概況書 / 要否 / 別表等	※税務署処理欄
納税地	広島県広島市中区上八丁堀33番88号 電話(　××)×× －××	法人区分	普通法人(特定の医療法人を除く。)、一般社団法人等、みなし公益法人等又は人格のない社団等 / 左記以外の公益法人等、協同組合等又は特定の医療法人
(フリガナ)	ヒロシマダイイチコウギョウカブシキカイシャ	事業種目	その他の製造業
法人名	広島第一工業株式会社	期末現在の資本金の額又は出資金の額	10,000,000円　非中小法人
		同上が1億円以下の普通法人のうち中小法人に該当しないもの	
法人番号		同非区分	特定同族会社 / 同族会社 / 非同族会社
(フリガナ)	スズキ リョウマ	旧納税地及び旧法人名等	
代表者記名押印	鈴木　龍馬　㊞		
代表者住所	広島県広島市南区南蟹屋二丁目51-63	添付書類	貸借対照表、損益計算書、株主(社員)資本等変動計算書又は損益金処分表、勘定科目内訳明細書、事業概況書、組織再編成に係る契約書等の写し、組織再編成に係る移転資産等の明細書

青色申告	一連番号
整理番号	
事業年度(至)	年　月　日
売上金額	兆　十億　百万　239
申告年月日	年　月　日
通信日付印 / 確認印 / 庁指定 / 局指定 / 指導等 / 区分	年 月 日
申告区分	法人税：中間 / 期限後 / 修正　地方法人税：中間 / 期限後 / 修正

平成・令和 1 年 6 月 1 日　事業年度分の法人税　確定　申告書
令和 2 年 5 月 31 日　課税事業年度分の地方法人税　確定　申告書
(中間申告の場合の計算期間　令和　年　月　日　令和　年　月　日)

翌年以降送付要否	要 / 否	適用額明細書提出の有無	有 / 無
税理士法第30条の書面提出有	有	税理士法第33条の2の書面提出有	有

この申告書による

項目	番号	金額(十億 百万 千 円)
所得金額又は欠損金額(別表四「48の①」)	1	0
法人税額 (53)＋(54)＋(55)	2	0
法人税額の特別控除額(別表六(六)「4」)	3	
差引法人税額 (2)－(3)	4	0
連結納税の承認を取り消された場合等における既に控除された法人税額の特別控除額の加算額	5	
土地譲渡利益金 課税土地譲渡利益金額(別表三(二)「24」＋別表三(二の二)「25」＋別表三(三)「20」)	6	000
土地譲渡利益金 同上に対する税額 (22)＋(23)＋(24)	7	
留保金 課税留保金額(別表三(一)「4」)	8	000

控除税額の計算	番号	金額(十億 百万 千 円)
所得税の額(別表六(一)「6の③」)	17	
外国税額(別表六(二)「20」)	18	
計 (17)＋(18)	19	
控除した金額 (13)	20	0
控除しきれなかった金額 (19)－(20)	21	
土地譲渡税額の内訳 土地譲渡税額(別表三(二)「27」)	22	0
同上(別表三(二の二)「28」)	23	0
同上	24	00

区分	項目	番号	金額
法人税額の計算			00
	法人税額計 (4)＋(5)＋(7)＋(9)	10	0
	分配時調整外国税相当額及び外国関係会社等に係る控除対象所得税額等相当額の控除額 (別表六(五の二)「7」+別表十七(三の十二)「3」)	11	
	仮装経理に基づく過大申告の更正に伴う控除法人税額	12	
	控除税額 (((10)-(11)-(12))と(19)のうち少ない金額)	13	0
	差引所得に対する法人税額 (10)－(11)－(12)－(13)	14	00
	中間申告分の法人税額	15	00
	差引確定法人税額 (14)-(15) (中間申告の場合はその税額とし、マイナスの場合は、(26)へ記入)	16	00
この申告書による地方法人税額の計算	課税標準 法人税額の計算 基準法人税額 所得の金額に対する法人税額 (4)+(5)+(7)+(10の外書)	33	0
	課税留保金額に対する法人税額 (9)	34	
	課税標準法人税額 (33)＋(34)	35	000
	地方法人税額 (58)	36	0
	課税留保金額に係る地方法人税額 (59)	37	
	所得地方法人税額 (36)＋(37)	38	0
	分配時調整外国税相当額及び外国関係会社等に係る控除対象所得税額等相当額の控除額 ((別表六(五の二)「8」)+(別表十七(三の十二)「4」))と(38)のうち少ない金額)	39	
	外国税額の控除額 (別表六(二)「50」)	40	
	仮装経理に基づく過大申告の更正に伴う控除地方法人税額	41	
	差引地方法人税額 (38)－(39)－(40)－(41)	42	00
	中間申告分の地方法人税額	43	00
	差引確定地方法人税額 (42)-(43) (中間申告の場合はその税額とし、マイナスの場合は、(45)へ記入)	44	00

区分	項目	番号	金額
申告による還付金額	中間納付額 (15)－(14)	26	0
	欠損金の繰戻しによる還付請求税額	27	外
	計 (25)＋(26)＋(27)	28	外 0
この申告が修正申告である場合	この申告前の所得金額又は欠損金額 (60)	29	
	この申告により納付すべき法人税額又は減少する還付請求税額 (65)	30	外 00
	欠損金又は災害損失金等の当期控除額 (別表七(一)「4の計」+(別表七(二)「9」若しくは「21」又は別表七(三)「10」))	31	2797091
	翌期へ繰り越す欠損金又は災害損失金 (別表七(一)「5の合計」)	32	13572246
	この申告による還付金額 (43)－(42)	45	外 0
この申告が修正申告である場合 この申告前の	所得の金額に対する法人税額 (68)	46	
	課税留保金額に対する法人税額 (69)	47	
	課税標準法人税額 (70)	48	000
	この申告により納付すべき地方法人税額 (74)	49	00
	剰余金・利益の配当（剰余金の分配）の金額		
	残余財産の最後の分配又は引渡しの日		令和 年 月 日
	決算確定の日		令和 2 年 7 月 15 日

還付を受けようとする金融機関等

銀行 / 金庫・組合 / 農協・漁協	本店・支店 / 出張所 / 本所・支所	預金	郵便局名等
口座番号		ゆうちょ銀行の貯金記号番号	－

※税務署処理欄

税理士署名押印　税理士法人もみじパートナーズ　奥田　拓郎　㊞

別表一次葉　令二・四・一以後終了事業年度等分

事業年度等	1・6・1 2・5・31	法人名	広島第一工業株式会社

法人税額の計算					
(1)のうち中小法人等の年800万円相当額以下の金額 ((1)と800万円×$\frac{12}{12}$のうち少ない金額)	50	000	(50)の 15.0 %相当額	53	
(1)のうち特例税率の適用がある協同組合等の年10億円相当額を超える金額 (1)－10億円×$\frac{12}{12}$	51	000	(51)の %相当額	54	
その他の所得金額 (1)－(50)－(51)	52	000	(52)の 23.2 %相当額	55	
地方法人税額の計算					
所得の金額に対する法人税額 (33)	56	000	(56)の 4.4 %相当額	58	0
課税留保金額に対する法人税額 (34)	57	000	(57)の 4.4 %相当額	59	
この申告が修正申告である場合の計算					

区分		項目	番号	金額
法人税額の計算	この申告前の	所得金額又は欠損金額	60	
		課税土地譲渡利益金額	61	
		課税留保金額	62	
		法人税額	63	
		還付金額	64	外
	この申告により納付すべき法人税額又は減少する還付請求税額 ((16)－(63))若しくは((16)＋(64)) 又は((64)－(28))		65	外 00
	この申告前の	欠損金又は災害損失金等の当期控除額	66	
		翌期へ繰り越す欠損金又は災害損失金	67	

区分		項目	番号	金額
地方法人税額の計算	この申告前の	法人税額	68	
		課税留保金額に対する法人税額	69	
		課税標準法人税額 (68)＋(69)	70	000
		確定地方法人税額	71	
		中間還付額	72	
		欠損金の繰戻しによる還付金額	73	
	この申告により納付すべき地方法人税額 ((44)－(71))若しくは((44)＋(72)＋(73)) 又は(((72)－(45))＋((73)－(45の外書)))		74	00

当該適用額明細書を再提出する場合には、訂正箇所のみ記載する

OCR入力用（この用紙は機械で読み取ります。折ったり汚した

様式第一

F B 4 0 1 1

この用紙はとじこまないでください

令和 2 年 7 月 31 日

広島中 税務署長殿

収受印

自 平成・(令和) 1 年 6 月 1 日
至 平成・(令和) 2 年 5 月 31 日

事業年度分の適用額明細書

((当初提出分)・再提出分)

納税地	広島県広島市中区上八丁堀33番88号 電話（ ××）××－××	整理番号	
（フリガナ）	ﾋﾛｼﾏﾀﾞｲｲﾁｺｳｷﾞｮｳ ｶﾌﾞｼｷｶｲｼｬ	提出枚数	1 枚　うち 1 枚目
法人名	広島第一工業 株式会社	事業種目	その他の製造業　業種番号 29
法人番号		※税務署処理欄 提出年月日	令和 年 月 日
期末現在の資本金の額又は出資金の額（兆・十億・百万・千・円）	100,000,000		
所得金額又は欠損金額（十億・百万・千・円）	0		

租税特別措置法の条項	区分番号	適用額（十億・百万・千・円）
第 67 条の5 第 1 項第 号	00277	2,750,000
第 条 第 項第 号		
第 条 第 項第 号		
第 条 第 項第 号		

第　条　第　項　第　号		
第　条　第　項　第　号		
第　条　第　項　第　号		
第　条　第　項　第　号		
第　条　第　項　第　号		
第　条　第　項　第　号		
第　条　第　項　第　号		
第　条　第　項　第　号		
第　条　第　項　第　号		
第　条　第　項　第　号		
第　条　第　項　第　号		
第　条　第　項　第　号		
第　条　第　項　第　号		
第　条　第　項　第　号		
第　条　第　項　第　号		

なく、すべての租税特別措置について記載してください。
ないでください。）

同族会社等の判定に関する明細書

事業年度又は連結事業年度	1・6・1 2・5・31	法人名	広島第一工業株式会社

別表二 令二・四・一以後終了事業年度又は連結事業年度分

区分	項目	番号	金額等
同族会社の判定	期末現在の発行済株式の総数又は出資の総額	1	内 2,000
	(19)と(21)の上位3順位の株式数又は出資の金額	2	2,000
	株式数等による判定 (2)/(1)	3	100.0 %
	期末現在の議決権の総数	4	内
	(20)と(22)の上位3順位の議決権の数	5	
	議決権の数による判定 (5)/(4)	6	%
	期末現在の社員の総数	7	
	社員の3人以下及びこれらの同族関係者の合計人数のうち最も多い数	8	
	社員の数による判定 (8)/(7)	9	%
	同族会社の判定割合 ((3)、(6)又は(9)のうち最も高い割合)	10	100.0

区分	項目	番号	金額等
特定同族会社の判定	(21)の上位1順位の株式数又は出資の金額	11	
	株式数等による判定 (11)/(1)	12	%
	(22)の上位1順位の議決権の数	13	
	議決権の数による判定 (13)/(4)	14	%
	(21)の社員の1人及びその同族関係者の合計人数のうち最も多い数	15	
	社員の数による判定 (15)/(7)	16	%
	特定同族会社の判定割合 ((12)、(14)又は(16)のうち最も高い割合)	17	
判定結果		18	特定同族会社 (同族会社) 非同族会社

判定基準となる株主等の株式数等の明細

順位			株式数又は出資の金額等

株式数等	議決権数	住所又は所在地	氏名又は法人名	との続柄	株式数又は出資の金額 19	議決権の数 20	株式数又は出資の金額 21	議決権の数 22
1		広島市南区南蟹屋二丁目51-63	鈴木　龍馬	本　人			1,300	
1		広島市西区横川	鈴木　翔太	兄　弟			400	
1		広島市南区南蟹屋二丁目51-63	鈴木　ひとみ	配偶者			100	
1		広島市南区宇品	鈴木　ちづる	母			100	
1		福岡市中央区地行浜	鈴木　はるか	姉　妹			100	

別表四（簡易様式）

令二・四・一以後終了事業年度分

所得の金額の計算に関する明細書（簡易様式）

事業年度	1・6・1 2・5・31	法人名	広島第一工業株式会社

区分			総額	処分		
				留保	社外流出	
			①	②	③	
当期利益又は当期欠損の額		1	円 3,298,659	円 3,298,659	配当	円
					その他	
加算	損金経理をした法人税及び地方法人税（附帯税を除く。）	2				
	損金経理をした道府県民税及び市町村民税	3				
	損金経理をした納税充当金	4	71,000	71,000		
	損金経理をした附帯税（利子税を除く。）、加算金、延滞金（延納分を除く。）及び過怠税	5			その他	
	減価償却の償却超過額	6				
	役員給与の損金不算入額	7			その他	
	交際費等の損金不算入額	8	676,012		その他	676,012
	賞与引当金繰入超過額	9	4,676,800	4,676,800		
	貸倒引当金繰入超過額	10	8,020	8,020		
	次葉合計					
	小計	11	5,431,832	4,755,820		676,012
減算	減価償却超過額の当期認容額	12				
	納税充当金から支出した事業税等の金額	13				
	受取配当等の益金不算入額（別表八(一)「13」又は「26」）	14			※	
	外国子会社から受ける剰余金の配当等の益金不算入額（別表八(二)「26」）	15			※	
	受贈益の益金不算入額	16			※	
	適格現物分配に係る益金不算入額	17			※	
	法人税等の中間納付額及び過誤納に係る還付金額	18				
	所得税額等及び欠損金の繰戻しによる還	19			※	

御注意

1 沖縄の認定法人の課税の特例、国家戦略特別区域における指定法人の課税の特例、組合事業等に特定目的会社等若しくは特定目的信託に係る課税の特例、農業経営基盤強化準備金の課税の特例、農課税の特例、再投資等準備金の課税の特例又は特別新事業開拓事業者に対し特定事業活動として出資を

2 「48」の「①」欄の金額は、「②」欄の金額に「③」欄の本書の金額を加算し、これから「※」

損失がある場合の課税の特例、対外船舶運航事業を営む法人の日本船舶による収入金額の課税の特例、等を取得した場合の課税の特例、関西国際空港用地整備準備金の課税の特例、中部国際空港整備準備金の合の課税の特例等の規定の適用を受ける法人にあっては、別様式による別表四を御使用ください。額を加減算した額と符合することになりますから留意してください。

算					
次葉合計					
小計	21	5,933,400	5,933,400	外※	0 0
仮計 (1)+(11)−(21)	22	2,797,091	2,121,079	外※	0 676,012
関連者等に係る支払利子等又は対象純支払利子等の損金不算入額 (別表十七(二の二)「24」若しくは「29」又は別表十七(二の五)「27」若しくは「32」)	23			その他	
超過利子額の損金算入額 (別表十七(二の三)「10」)	24	△		※	△
仮計 ((22)から(24)までの計)	25	2,797,091	2,121,079	外※	0 676,012
寄附金の損金不算入額 (別表十四(二)「24」又は「40」)	27			その他	
法人税額から控除される所得税額 (別表六(一)「6の③」)	29			その他	
税額控除の対象となる外国法人税の額 (別表六(二の二)「7」)	30			その他	
分配時調整外国税相当額及び外国関係会社等に係る控除対象所得税額等相当額 (別表六(五の二)「5の②」+別表十七(三の十二)「1」)	31			その他	
合計 (25)+(27)+(29)+(30)+(31)	34	2,797,091	2,121,079	外※	0 676,012
契約者配当の益金算入額 (別表九(一)「13」)	35				
中間申告における繰戻しによる還付に係る災害損失欠損金額の益金算入額	37			※	
非適格合併又は残余財産の全部分配等による移転資産等の譲渡利益額又は譲渡損失額	38			※	
差引計 (34)+(35)+(37)+(38)	39	2,797,091	2,121,079	外※	0 676,012
欠損金又は災害損失金等の当期控除額 (別表七(一)「4の計」+(別表七(二)「9」若しくは「21」又は別表七(三)「10」))	40	△ 2,797,091		※	△ 2,797,091
総計 (39)+(40)	41	0	2,121,079	外※	△2,797,091 676,012
新鉱床探鉱費又は海外新鉱床探鉱費の特別控除額 (別表十(三)「43」)	42	△		※	△
残余財産の確定の日の属する事業年度に係る事業税の損金算入額	47	△	△		
所得金額又は欠損金額	48	0	2,121,079	外※	△2,797,091 676,012

㊎簡

別表五(一)　令二・四・一以後終了事業年度分

利益積立金額及び資本金等の額の計算に関する明細書

事業年度	1・6・1 2・5・31	法人名	広島第一工業株式会社

I　利益積立金額の計算に関する明細書

区分		期首現在利益積立金額	当期の増減		差引翌期首現在利益積立金額 ①－②＋③
			減	増	
		①	②	③	④
利益準備金	1	2,500,000円	円	円	2,500,000円
別途積立金	2				
賞与引当金	3	5,933,400	5,933,400	4,676,800	4,676,800
貸倒引当金繰入超過額	4			8,020	8,020
	5				
	6				
	7				
	8				
	9				
	10				
	11				
	12				
	13				
	14				
	15				
	16				
	17				
	18				

御注意

1　この表は、通常の場合には次の算式により検算ができます。
期首現在利益積立金額合計「31」①　＋　別表四留保所得金額又
＝　差引翌期首現在利益積立金額合計「31」④

2　発行済株式又は出資のうちに二以上の種類の株式がある場合に

損金額「48」 ― 中間分，確定分法人税県市民税の合計額

法人税法施行規則別表五㈠付表（別表五㈠付表）の記載が必要となります。

	20				
	21				
	22				
	23				
	24				
次葉合計	25				
繰越損益金（損は赤）	26	48,103,995	48,103,995	51,402,654	51,402,654
納税充当金	27	71,000	71,000	71,000	71,000
未納法人税等（退職年金等積立金に対するものを除く。） 未納法人税及び未納地方法人税（附帯税を除く。）	28	△ 0	△	中間 △ 確定 △ 0	△ 0
未納法人税等（退職年金等積立金に対するものを除く。） 未納道府県民税（均等割額を含む。）	29	△ 21,000	△ 21,000	中間 △ 確定 △ 21,000	△ 21,000
未納法人税等（退職年金等積立金に対するものを除く。） 未納市町村民税（均等割額を含む。）	30	△ 50,000	△ 50,000	中間 △ 確定 △ 50,000	△ 50,000
差引合計額	31	56,537,395	54,037,395	56,087,474	58,587,474

Ⅱ 資本金等の額の計算に関する明細書

区分		期首現在資本金等の額	当期の増減		差引翌期首現在資本金等の額 ①－②＋③
			減	増	
		①	②	③	④
資本金又は出資金	32	10,000,000 円	円	円	10,000,000 円
資本準備金	33				
	34				
	35				
差引合計額	36	10,000,000			10,000,000

別表五(二)　令二・四・一以後終了事業年度分

租税公課の納付状況等に関する明細書

事業年度	1・6・1 2・5・31	法人名	広島第一工業株式会社

税目及び事業年度			期首現在未納税額 ①	当期発生税額 ②	当期中の納付税額 充当金取崩しによる納付 ③	当期中の納付税額 仮払経理による納付 ④	当期中の納付税額 損金経理による納付 ⑤	期末現在未納税額 ①+②−③−④−⑤ ⑥
法人税及び地方法人税	・・ ・・	1	円		円	円	円	円
	・・ ・・	2						
	当期分 中間	3		円				
	当期分 確定	4		0				0
	計	5		0				0
道府県民税	・・ ・・	6						
	平30・6・1 令1・5・31	7	21,000		21,000			0
	当期分 中間	8						
	当期分 確定	9		21,000				21,000
	計	10	21,000	21,000	21,000			21,000
市町村民税	・・ ・・	11						
	平30・6・1 令1・5・31	12	50,000		50,000			0
	当期分 中間	13						
	当期分 確定	14		50,000				50,000

				50,000	50,000	50,000			50,000
事業税	・・		16						
	・・		17						
	当期中間分		18						
	計		19						
その他	損金算入のもの	利子税	20						
		延滞金（延納に係るもの）	21						
		消費税	22		8,821,500			8,821,500	0
		印紙ほか	23		1,453,950			1,453,950	0
	損金不算入のもの	加算税及び加算金	24						
		延滞税	25						
		延滞金（延納分を除く。）	26						
		過怠税	27						
			28						
			29						

納税充当金の計算

期首納税充当金		30	71,000円	取崩額 その他	損金算入のもの	36	円
繰入額	損金経理をした納税充当金	31	71,000		損金不算入のもの	37	
		32				38	
	計 (31)＋(32)	33	71,000		仮払税金消却	39	
取崩額	法人税額等 (5の③)＋(10の③)＋(15の③)	34	71,000		計 (34)＋(35)＋(36)＋(37)＋(38)＋(39)	40	71,000
	事業税 (19の③)	35		期末納税充当金 (30)＋(33)－(40)		41	71,000

⑤ 欠損金又は災害損失金の損金算入等に関する明細書

事業年度	1・6・1 2・5・31	法人名	広島第一工業株式会社

控除前所得金額 (別表四「39の①」)－(別表七(二)「9」又は「21」)	1	2,797,091円	所得金額控除限度額 (1)× 50又は100/100	2	2,797,091円

事業年度	区分	控除未済欠損金額	当期控除額 (当該事業年度の(3)と((2)－当該事業年度前の(4)の合計額) のうち少ない金額)	翌期繰越額 ((3)－(4))又は(別表七(三)「15」)
		3	4	5
・・ ・・	青色欠損・連結みなし欠損・災害損失	円	円	
・・ ・・	青色欠損・連結みなし欠損・災害損失			円
・・ ・・	青色欠損・連結みなし欠損・災害損失			
・・ ・・	青色欠損・連結みなし欠損・災害損失			
・・ ・・	青色欠損・連結みなし欠損・災害損失			
平27・6・1 平28・5・31	(青色欠損)・連結みなし欠損・災害損失	16,369,337	2,797,091	13,572,246
・・ ・・	青色欠損・連結みなし欠損・災害損失			
・・ ・・	青色欠損・連結みなし欠損・災害損失			
・・ ・・	青色欠損・連結みなし欠損・災害損失			
・・ ・・	青色欠損・連結みなし欠損・災害損失			
計		16,369,337	2,797,091	13,572,246

当期分 欠損金額 (別表四「48の①」)		欠損金の繰戻し額	
当期分 同上のうち 災害損失金			
当期分 同上のうち 青色欠損金			
合計			13,572,246

災害により生じた損失の額の計算

災害の種類			災害のやんだ日又はやむを得ない事情のやんだ日	・　・
災害を受けた資産の別		棚卸資産 ①	固定資産 (固定資産に準ずる繰延資産を含む。) ②	計 ①＋② ③
当期の欠損金額 (別表四「48の①」)	6			円
災害により生じた損失の額 資産の滅失等により生じた損失の額	7	円	円	
災害により生じた損失の額 被害資産の原状回復のための費用等に係る損失の額	8			
災害により生じた損失の額 被害の拡大又は発生の防止のための費用に係る損失の額	9			
災害により生じた損失の額 計 (7)＋(8)＋(9)	10			
保険金又は損害賠償金等の額	11			
差引災害により生じた損失の額 (10)－(11)	12			
同上のうち所得税額の還付又は欠損金の繰戻しの対象となる災害損失金額	13			
中間申告における災害損失欠損金の繰戻し額	14			
繰戻しの対象となる災害損失欠損金額 ((6の③)と((13の③)－(14の③))のうち少ない金額)	15			
繰越控除の対象となる損失の額 ((6の③)と((12の③)－(14の③))のうち少ない金額)	16			

別表十一(一の二) 令二・四・一以後終了事業年度又は連結事業年度分

① 一括評価金銭債権に係る貸倒引当金の損金算入に関する明細書

事業年度又は連結事業年度	1・6・1 2・5・31	法人名	広島第一工業株式会社

当期繰入額		1	232,160 円
繰入限度額の計算	期末一括評価金銭債権の帳簿価額の合計額 (24の計)	2	28,017,571
	貸倒実績率 (17)	3	
	実質的に債権とみられないものの額を控除した期末一括評価金銭債権の帳簿価額の合計額 (26の計)	4	28,017,571 円
	法定の繰入率	5	$\frac{8.0}{1,000}$
	繰入限度額 ((2)×(3))又は((4)×(5))	6	224,140 円
	公益法人等・協同組合等の繰入限度額 (6) × $\frac{102、104、106又は108}{100}$	7	
繰入限度超過額 (1)－((6)又は(7))		8	8,020

貸倒実績率の計算	前3年内事業年度(設立事業年度である場合には当該事業年度又は連結事業年度)末における一括評価金銭債権の帳簿価額の合計額	9	円
	$\frac{(9)}{前3年内事業年度における事業年度及び連結事業年度の数}$	10	
前3年内事業年度又は連結事業年度(設立事業年度である場合には当該事業年度)の貸倒れによる損失の額等の合計額	令第96条第6項第2号イの貸倒れによる損失の額の合計額	11	
	損金の額に算入された令第96条第6項第2号ロの金額の合計額	12	
	損金の額に算入された令第96条第6項第2号ハの金額の合計額	13	
	益金の額に算入された令第96条第6項第2号ニの金額の合計額	14	
	貸倒れによる損失の額等の合計額 (11)＋(12)＋(13)－(14)	15	
	(15)× $\frac{12}{前3年内事業年度における事業年度及び連結事業年度の月数の合計}$	16	
	貸倒実績率 $\frac{(16)}{(10)}$ (小数点以下4位未満切上げ)	17	

一括評価金銭債権の明細

勘定科目	期末残高	売掛債権等とみなされる額及び貸倒否認額	務上貸倒れがあったものとみなされる額及び売掛債権等に該当しないものの額	象となった売掛債権等の額及び非適格合併等により合併法人等に移転する売掛債権等の額	法第52条第1項第3号に該当する法人の令第96条第9項各号の金銭債権以外の金銭債権の額	連結完全支配関係がある連結法人に対する売掛債権等の額	期末一括評価金銭債権の額 (18)＋(19)－(20)－(21)－(22)－(23)	実質的に債権とみられないものの額	差引期末一括評価金銭債権の額 (24)－(25)
	18	19	20	21	22	23	24	25	26
売掛金	円 28,017,571	円	円	円	円	円	円 28,017,571	円	円 28,017,571
計	28,017,571						28,017,571		28,017,571

基準年度の実績により実質的に債権とみられないものの額を計算する場合の明細

平成27年4月1日から平成29年3月31日までの間に開始した各事業年度末の一括評価金銭債権の額の合計額	27	円	債権からの控除割合 $\frac{(28)}{(27)}$ （小数点以下3位未満切捨て）	29	
同上の各事業年度末の実質的に債権とみられないものの額の合計額	28		実質的に債権とみられないものの額 (24の計)×(29)	30	円

① 交際費等の損金算入に関する明細書

別表十五　令二・四・一以後終了事業年度分

事業年度	1・6・1 2・5・31	法人名	広島第一工業株式会社

支出交際費等の額 (8の計)	1	円 8,676,012	損金算入限度額 (2)又は(3)	4	円 8,000,000
支出接待飲食費損金算入基準額 (9の計)×$\frac{50}{100}$	2				
中小法人等の定額控除限度額 ((1)の金額又は800万円×$\frac{12}{12}$相当額のうち少ない金額)	3	8,000,000	損金不算入額 (1)－(4)	5	676,012

支出交際費等の額の明細

科目	支出額 6	交際費等の額から控除される費用の額 7	差引交際費等の額 8	(8)のうち接待飲食費の額 9
	円	円	円	円
交際費	8,676,012		8,676,012	

御注意
1 「3」欄には、次の区分に応じ、それぞれ次の金額を記載します。(1) 法人（投資法人及び特定目的会社を除きます。）のうち（資本金の額又は出資金の額が5億円以上である法人による完全支配関係がある法人など、法人税法第66条第6項第2号又は
2 「支出交際費等の額の明細」は科目にとらわれず交際費等に該当するものの全てを記載してください。
3 措置法第61条の4第4項に規定する飲食費について同項第2号の規定を適用する場合には、措置法施行規則第21条の18の
4 税抜経理方式を適用している法人は、交際費等に係る消費税等の額のうち控除対象外消費税額等に相当する金額を交際費等

計	8,676,012		8,676,012	

の資本金の額又は出資金の額（資本又は出資を有しない法人等については、措置法施行令第37条の4各号の規定により計算した金額）が1億円以下のもの
号に掲げる法人に該当するものを除きます。）…「1」の金額又は「八〇〇万円×当期の月数÷12」により計算した金額のうち少ない金額　(2) (1)以外の法人…「0円」

規定する書類を保存する必要があります。
に含めて損金不算入額を計算する必要があります。

別表十六(一)　令二・四・一以後終了事業年度又は連結事業年度分

① 旧定額法又は定額法による減価償却資産の償却額の計算に関する明細書

事業年度又は連結事業年度	1・6・1 2・5・31	法人名	広島第一工業株式会社

区分	項目	No.	建物（定額）	無形固定資産	合計		
資産区分	種類	1	建物（定額）	無形固定資産	合　計		
資産区分	構造	2					
資産区分	細目	3					
資産区分	取得年月日	4					
資産区分	事業の用に供した年月	5					
資産区分	耐用年数	6	年	年	年	年	年
取得価額	取得価額又は製作価額	7	外　154,000,000円	外　4,960,000円	外　158,960,000円	外　円	外　円
取得価額	圧縮記帳による積立金計上額	8					
取得価額	差引取得価額 (7)−(8)	9	154,000,000	4,960,000	158,960,000		
帳簿価額	償却額計算の対象となる期末現在の帳簿記載金額	10	122,299,000	330,667	122,629,667		
帳簿価額	期末現在の積立金の額	11					
帳簿価額	積立金の期中取崩額	12					
帳簿価額	差引帳簿記載金額 (10)−(11)−(12)	13	外△　122,299,000	外△　330,667	外△　122,629,667	外△	外△
帳簿価額	損金に計上した当期償却額	14	3,521,400	992,000	4,513,400		
帳簿価額	前期から繰り越した償却超過額	15	外	外	外	外	外
帳簿価額	合計 (13)＋(14)＋(15)	16	125,820,400	1,322,667	127,143,067		
当期分の普通償却限度額（平成19年3月31日以前取得分）	残存価額	17	5,800,000		5,800,000		
当期分の普通償却限度額（平成19年3月31日以前取得分）	差引取得価額×5％ (9)×$\frac{5}{100}$	18	2,900,000		2,900,000		
当期分の普通償却限度額（平成19年3月31日以前取得分）	旧定額法の償却額計算の基礎となる金額 (9)−(17)	19	52,200,000		52,200,000		
当期分の普通償却限度額（平成19年3月31日以前取得分）	旧定額法の償却率	20					
当期分の普通償却限度額（平成19年3月31日以前取得分）(16)＞(18)の場合	算出償却額 (19)×(20)	21	1,409,400円	円	1,409,400円	円	円
当期分の普通償却限度額（平成19年3月31日以前取得分）(16)＞(18)の場合	増加償却額	22	(　)	(　)	(　)	(　)	(　)

御注意

1　この表には、減価償却資産の耐用年数、種類等及び償却方法の異なるごとに、
(2)措置法又は震災特例法による特別償却の規定の適用を受ける資産については
す。）の「34」欄の金額については、耐用年数、種類等及び償却方法を同じく
2　措置法又は震災特例法による特別償却の規定の適用を受ける場合には、「特

めて別行にして、その合計額を記載できますが、(1)当期の中途で事業の用に供した資産又は資本的支出、
他の資産と区別して別行にして、記載してください。なお、(1)の資産（(2)の資産に該当するものを除きま
他の資産の金額と通算して「36」欄及び「37」欄の金額を記載できます。
却限度額の計算に関する付表」を添付してください。

償却限度額等	取得分	計 ((21)＋(22))又は((16)－(18))	23	1,409,400		1,409,400		
	(16)≦(18)の場合	算出償却額 ((18)－1円)× $\frac{12}{60}$	24					
	平成19年4月1日以後取得分	定額法の償却額計算の基礎となる金額(9)	25	96,000,000	4,960,000	100,960,000		
		定額法の償却率	26					
		算出償却額 (25)×(26)	27	2,112,000円	992,000円	3,104,000円	円	円
		増加償却額 (27)×割増率	28	(　)	(　)	(　)	(　)	(　)
		計 (27)＋(28)	29	2,112,000	992,000	3,104,000		
当期分の償却限度額	当期分の普通償却限度額等 (23)、(24)又は(29)		30	3,521,400	992,000	4,513,400		
	特別償却又は割増償却による特別償却限度額	租税特別措置法適用条項	31	条　項 (　)	条　項 (　)	条　項 (　)	条　項 (　)	条　項 (　)
		特別償却限度額	32	外　円	外　円	外　円	外　円	外　円
	前期から繰り越した特別償却不足額又は合併等特別償却不足額		33					
	合計 (30)＋(32)＋(33)		34	3,521,400	992,000	4,513,400		
当期償却額			35	3,521,400	992,000	4,513,400		
差引	償却不足額(34)－(35)		36					
	償却超過額(35)－(34)		37					
償却超過額	前期からの繰越額		38	外	外	外	外	外
	当期損金認容額	償却不足によるもの	39					
		積立金取崩しによるもの	40					
	差引合計翌期への繰越額 (37)＋(38)－(39)－(40)		41					
特別償却不足額	翌期に繰り越すべき特別償却不足額 (((36)－(39))と((32)＋(33))のうち少ない金額)		42					
	当期において切り捨てる特別償却不足額又は合併等特別償却不足額		43					
	差引翌期への繰越額 (42)－(43)		44					
	翌期への繰越額の内訳	：　：	45					
		当期分不足額	46					
適格組織再編成により引き継ぐべき合併等特別償却不足額 (((36)－(39))と(32)のうち少ない金額)			47					

備考

別表十六(二)　令二・四・一以後終了事業年度又は連結事業年度分

① 旧定率法又は定率法による減価償却資産の償却額の計算に関する明細書

事業年度又は連結事業年度	1・6・1 2・5・31	法人名	広島第一工業株式会社

資産区分	種類	1	建物付属設備(定率)	機械装置	車両運搬具	器具及び備品	合計
	構造	2					
	細目	3					
	取得年月日	4					
	事業の用に供した年月	5					
	耐用年数	6	年	年	年	年	年
取得価額	取得価額又は製作価額	7	外 59,400,000円	外 66,956,000円	外 4,500,000円	外 4,020,000円	外 134,876,000円
	圧縮記帳による積立金計上額	8					
	差引取得価額 (7)－(8)	9	59,400,000	66,956,000	4,500,000	4,020,000	134,876,000
償却額計算の基礎となる額	償却額計算の対象となる期末現在の帳簿記載金額	10	20,455,626	14,810,355	4,250,250	1,062,038	40,578,269
	期末現在の積立金の額	11					
	積立金の期中取崩額	12					
	差引帳簿記載金額 (10)－(11)－(12)	13	外△ 20,455,626	外△ 14,810,355	外△ 4,250,250	外△ 1,062,038	外△ 40,578,269
	損金に計上した当期償却額	14	3,164,946	3,756,487		446,298	7,367,731
	前期から繰り越した償却超過額	15	外	外	外	外	外
	合計 (13)＋(14)＋(15)	16	23,620,572	18,566,842	4,250,250	1,508,336	47,946,000
	前期から繰り越した特別償却不足額又は合併等特別償却不足額	17					
	償却額計算の基礎となる金額 (16)－(17)	18	23,620,572	18,566,842	4,250,250	1,508,336	47,946,000
当期分の（平成19年3月31日以前…）	差引取得価額×5% (9)×5/100	19	1,110,000	1,078,000			2,188,000
	(16)>(19)の場合　旧定率法の償却率	20					
	算出償却額 (18)×(20)	21	369,372円	円	円	円	369,372円
	増加償却額 (21)×割増率	22	(　)	(　)	(　)	(　)	(　)
	計	23	369,372				369,372

御注意

1　この表には、減価償却資産の耐用年数、種類等及び償却方法の異なるごと法の適用を受けるもの、(2)当期の中途で事業の用に供した資産又は資本的支行にして、記載してください。なお、(1)及び(2)の資産（(3)の資産に該当する産の金額と通算して「40」欄及び「41」欄の金額を記載できます。

2　措置法又は震災特例法による特別償却の規定の適用を受ける場合には、一

とめて別行にして、その合計額を記載できますが、(1)平成19年4月1日以後に取得をされた資産で定率
(3)措置法又は震災特例法による特別償却の規定の適用を受ける資産については、他の資産と区別して別
を除きます。）の「38」欄の金額については、耐用年数、種類等及び償却方法を同じくする他の資
償却限度額の計算に関する付表」を添付してください。

普通償却限度額等	平成19年4月1日以後取得分	（の場合）((19)−1円)×12/60	24	[illegible]				[illegible]
		定率法の償却率	25					
		調整前償却額 (18)×(25)	26	2,795,574 円	3,540,888 円	1,415,333 円	433,338 円	8,185,133 円
		保証率	27					
		償却保証額 (9)×(27)	28	1,698,180 円	2,974,345 円	445,995 円	361,179 円	5,479,699 円
	(26)<(28)の場合	改定取得価額	29				129,600	129,600
		改定償却率	30					
		改定償却額 (29)×(30)	31	円	円	円	64,800 円	64,800 円
		増加償却額 ((26)又は(31))×割増率	32	（　）	（　）	（　）	（　）	（　）
		計 ((26)又は(31))＋(32)	33	2,795,574	3,540,888	1,415,333	446,298	8,198,093
当期分の償却限度額		当期分の普通償却限度額等 (23)、(24)又は(33)	34	3,164,946	3,756,487	1,415,333	446,298	8,783,064
	特別償却限度額又は割増償却による特別償却限度額	租税特別措置法適用条項	35	条　項（　）	条　項（　）	条　項（　）	条　項（　）	条　項（　）
		特別償却限度額	36	外　円	外　円	外　円	外　円	外　円
		前期から繰り越した特別償却不足額又は合併等特別償却不足額	37					
		合計 (34)＋(36)＋(37)	38	3,164,946	3,756,487	1,415,333	446,298	8,783,064
当期償却額			39	3,164,946	3,756,487		446,298	7,367,731
差引		償却不足額 (38)−(39)	40			1,415,333		1,415,333
		償却超過額 (39)−(38)	41					
償却超過額		前期からの繰越額	42	外	外	外	外	外
	当期損金認容額	償却不足によるもの	43					
		積立金取崩しによるもの	44					
		差引合計翌期への繰越額 (41)＋(42)−(43)−(44)	45					
特別償却不足額		翌期に繰り越すべき特別償却不足額 (((40)−(43))と((36)＋(37))のうち少ない金額)	46					
		当期において切り捨てる特別償却不足額又は合併等特別償却不足額	47					
		差引翌期への繰越額 (46)−(47)	48					
	翌期への繰越額の内訳	：　：	49					
		当期分不足額	50					
適格組織再編成により引き継ぐべき合併等特別償却不足額 (((40)−(43))と(36)のうち少ない金額)			51					

備考

別表十六(七)　令二・四・一以後終了事業年度又は連結事業年度分

① 少額減価償却資産の取得価額の損金算入の特例に関する明細書

事業年度又は連結事業年度	1・6・1 2・5・31	法人名	広島第一工業株式会社

資産区分	種類	1	器具及び備品				
	構造	2					
	細目	3	パソコン				
	事業の用に供した年月	4	令 1・8				
取得価額	取得価額又は製作価額	5	円 275,000	円	円	円	円
	法人税法上の圧縮記帳による積立金計上額	6					
	差引改定取得価額 (5)－(6)	7	275,000				
資産区分	種類	1					
	構造	2					
	細目	3					

御注意

この表は、資産の取得価額が30万円未満であるものについて、少額減価償却資
の適用を受ける場合に御使用ください。なお、その適用を受ける資産の取得価
これに当期の月数を乗じて計算した金額）が限度となります。

産の取得価額の損金算入の特例（措置法第67条の5又は令和2年改正前の措置法第68条の102の2）の合計額である「8」欄の金額は、300万円（当期が1年に満たない場合には、300万円を12で除し、

	事業の用に供した年月	4					
取得価額	取得価額又は製作価額	5	円	円	円	円	円
	法人税法上の圧縮記帳による積立金計上額	6					
	差引改定取得価額 (5)－(6)	7					
資産区分	種類	1					
	構造	2					
	細目	3					
	事業の用に供した年月	4					
取得価額	取得価額又は製作価額	5	円	円	円	円	円
	法人税法上の圧縮記帳による積立金計上額	6					
	差引改定取得価額 (5)－(6)	7					

当期の少額減価償却資産の取得価額の合計額 ((7)の計)	8	円 275,000

① 一括償却資産の損金算入に関する明細書

事業年度又は連結事業年度	1・6・1 2・5・31	法人名	広島第一工業株式会社

事業の用に供した事業年度又は連結事業年度	1	・・ ・・	・・ ・・	・・ ・・	・・ ・・	平30・6・1 令1・5・31	（当期分）
同上の事業年度又は連結事業年度において事業の用に供した一括償却資産の取得価額の合計額	2	円	円	円	円	円 561,000	円
当期の月数 （事業の用に供した事業年度の中間申告又は連結事業年度の連結中間申告の場合は、当該事業年度又は連結事業年度の月数）	3	月	月	月	月	月 12	月
当期分の損金算入限度額 $(2) \times \frac{(3)}{36}$	4	円	円	円	円	円 187,000	円
当期損金経理額	5					187,000	

別表十六(八)　令二・四・一以後終了事業年度又は連結事業年度分

差引	損金算入不足額 (4)－(5)	6						
	損金算入限度超過額 (5)－(4)	7						
損金算入限度超過額	前期からの繰越額	8						
	同上のうち当期損金認容額 ((6)と(8)のうち少ない金額)	9						
	翌期への繰越額 (7)＋(8)－(9)	10						

決　算　報　告　書

（第　17　期）

自　令和　1　年　6　月　1　日

至　令和　2　年　5　月　31　日

広島第一工業株式会社

広島県広島市中区上八丁堀33番88号

広島第一工業株式会社

貸借対照表

令和 2 年 5 月 31 日現在

資産の部		負債の部	
科目	金額	科目	金額
	円		円
【流動資産】	【126,588,653】	【流動負債】	【54,490,518】
現金及び預金	65,470,101	買掛金	11,569,264
売掛金	28,017,571	短期借入金	31,150,000
製品	18,316,410	未払費用	5,772,253
原材料	4,902,460	未払法人税等	71,000
仕掛品	2,530,746	前受家賃	660,000
仮払金	2,249,913	預り金	591,201
前払費用	547,620	賞与引当金	4,676,800
有価証券	4,785,992	【固定負債】	【287,770,000】
貸倒引当金	△232,160	長期借入金	286,450,000

【固定資産】	【279,574,519】	預り敷金	1,320,000
(有形固定資産)	(261,064,269)		
建物	122,299,000		
建物付属設備	20,455,626	負債の部合計	342,260,518
機械装置	14,810,355	純資産の部	
車輌運搬具	4,250,250		
工具器具備品	1,062,038	【株主資本】	【63,902,654】
一括償却資産	187,000	(資本金)	(10,000,000)
土地	98,000,000	資本金	10,000,000
(無形固定資産)	(330,667)	(利益剰余金)	(53,902,654)
ソフトウェア	330,667	利益準備金	2,500,000
(投資その他の資産)	(18,179,583)	繰越利益剰余金	51,402,654
関連会社株式	5,000,000		
長期貸付金	7,899,583		
敷金	5,280,000	純資産の部合計	63,902,654
資産の部合計	406,163,172	負債及び純資産の部合計	406,163,172

広島第一工業株式会社

損　益　計　算　書

自 令和 1 年 6 月 1 日
至 令和 2 年 5 月 31 日

科目	金	額
		円
【純売上高】		
売上高	238,304,631	238,304,631
【売上原価】		
期首棚卸高	19,413,846	
当期製品製造原価	150,539,986	
合計	(169,953,832)	
期末棚卸高	△18,316,410	151,637,422
売上総利益		(86,667,209)
【販売費及び一般管理費】		
役員報酬	24,000,000	
給与手当	12,061,304	
賞与	2,831,046	
賞与引当金繰入	4,676,800	
法定福利費	1,895,304	
福利厚生費	683,046	
旅費交通費	2,460,486	
通信費	1,206,740	
交際費	8,676,012	
減価償却費	5,815,872	

地代家賃		6,336,000	
保険料		530,410	
修繕費		1,830,120	
水道光熱費		1,403,504	
燃料費		1,760,464	
消耗品費		1,860,468	
租税公課		9,645,040	
広告宣伝費		780,310	
支払手数料		3,264,030	
新聞図書費		183,010	
貸倒引当金繰入額		232,160	
雑費		1,518,049	93,650,175
	営業損失		(6,982,966)
【営業外収益】			
受取利息		8,451	
受取家賃		7,920,000	
有価証券評価益		201,376	8,129,827
【営業外費用】			
支払利息割引料		3,943,015	3,943,015
	経常損失		(2,796,154)
【特別利益】			
貸倒引当金戻入益		232,413	
賞与引当金戻入益		5,933,400	6,165,813
	税引前当期純利益		(3,369,659)
	法人税等		71,000
	当期純利益		(3,298,659)

広島第一工業株式会社

製造原価報告書

自 令和 1 年 6 月 1 日
至 令和 2 年 5 月 31 日

科目	金	額
		円
【材料費】		
期首材料棚卸高	4,823,464	
主要材料費	32,430,486	
小計	(37,253,950)	
期末材料棚卸高	△4,902,460	32,351,490
【労務費】		
賃金給料	54,081,301	
賞与	14,033,501	
法定福利費	9,012,304	77,127,106
【外注加工費】		17,304,165

【製造経費】		
旅費交通費	2,531,307	
通信費	301,649	
減価償却費	6,527,259	
地代家賃	1,056,000	
保険料	560,200	
修繕費	1,941,006	
水道光熱費	7,150,340	
消耗品費	1,530,164	
租税公課	630,410	
雑費	1,594,672	23,823,007
総製造費用		(150,605,768)
期首仕掛品棚卸高		2,464,964
期末仕掛品棚卸高		△2,530,746
当期製品製造原価		(150,539,986)

広島第一工業株式会社

株主資本等変動計算書

自 令和 1 年 6 月 1 日 至 令和 2 年 5 月 31 日 単位 円

	株主資本					純資産合計
	資本金	利益剰余金			株主資本	
		利益準備金	その他利益剰余金	利益剰余金		
			繰越利益剰余金			
当期首残高	10,000,000	2,500,000	48,103,995	50,603,995	60,603,995	60,603,995
当期変動額						
当期純損益金			3,298,659	3,298,659	3,298,659	3,298,659
当期変動額合計			3,298,659	3,298,659	3,298,659	3,298,659
当期末残高	10,000,000	2,500,000	51,402,654	53,902,654	63,902,654	63,902,654

勘定科目内訳書

（第　17　期）

自　令和　1　年　6　月　1　日

至　令和　2　年　5　月　31　日

広島第一工業株式会社

①

広島第一工業株式会社

預貯金等の内訳書

1頁

金融機関名	支店名	種類	口座番号	期末現在高（円）	摘要
		現金		2,489,385	
山陽銀行	八丁堀支店	普通預金		38,318,412	
東洋信用金庫	白島支店	普通預金		8,316,461	
商農組合中央金庫	鉄砲町支店	普通預金		6,344,602	
計				52,979,475	
山陽銀行	八丁堀支店	定期預金		10,001,241	

合　　　計				65,470,101	

(注)　1. 取引金融機関別に、かつ、預貯金の種類別に記入してください。
　なお、記載口数が100口を超える場合には、期末現在高の多額なものから100口についてのみ記入しても差し支えありません。

2. 預貯金等の名義人が代表者になっているなど法人名と異なる場合には、「摘要」欄に「名義人○○○○」のようにその名義人を記入してください。

③

広島第一工業株式会社

売掛金（未収入金）の内訳書

科目	相手先 名称（氏名）	相手先 所在地（住所）	期末現在高 円	摘要
売掛金	㈱ビッグソルジャー	東京都千代田区大手町	15,318,046	
売掛金	昇龍物産㈱	名古屋市東区大幸南	2,160,461	
売掛金	猛虎商店㈲	兵庫県西宮市甲子園町	1,940,644	
売掛金	㈱タフウーマン	東京都港区北青山	891,413	
売掛金	その他		7,707,007	
計			28,017,571	

合　計			28,017,571	

(注)　1. 「科目」欄には、売掛金、未収入金の別を記入してください。

2. 相手先別期末現在高が50万円以上のもの（50万円以上のものが5口未満のときは期末現在高の多額なものから5口程度）については各別に記入し、その他は一括して記入してください。

3. 上記2により記載すべき口数が100口を超える場合には、次の①又は②の方法により記入しても差し支えありません。

①　期末現在高の多額なものから100口についてのみ記入（この場合、100口目には50万円未満のものも含む残額全てを一括して記入）

②　期末現在高を自社の支店又は事業所別等で記入（支店又は事業所等の名称を「名称（氏名）」欄に記入するとともに、「期末現在高」欄にその支店又は事業所等の合計金額（50万円未満のものも含む合計金額）を記入）

なお、記載口数が100口を超えるか否かは、売掛金と未収入金との合計口数で判断してください。

4. 未収入金については、その取引内容を「摘要」欄に記入してください。

なお、上記3②の記載方法による場合には、記入しなくても差し支えありません。

広島第一工業株式会社

仮払金（前渡金）の内訳書

科目	相手先 名称（氏名）	相手先 所在地（住所）	相手先 法人・代表者との関係	期末現在高（円）	摘要
前払費用	丸　智宏	東京都文京区		440,000	6月分家賃
前払費用	新井　知憲	兵庫県西宮市		88,000	6月分地代
前払費用				19,620	リサイクル預託金
計				547,620	
仮払金	鈴木　龍馬	広島市南区南蟹屋二丁目51-63		2,249,913	
敷金	丸　智宏	東京都文京区		4,400,000	
敷金	新井　知憲	兵庫県西宮市		880,000	
計				5,280,000	
合　計				8,077,533	

（注）1. 「科目」欄には、仮払金、前渡金の別を記入してください。
2. 相手先別期末現在高が50万円以上のものについては各別に記入してください。
3. 相手先が「役員、株主又は関係会社」のものについては、期末現在高が50万円未満であっても全て各別に記入してください。
4. 上記2により記載すべき口数が100口を超える場合には、次の①又は②の方法により記入しても差し支えありません。
① 期末現在高の多額なものから100口についてのみ記入（この場合、100口目には50万円未満のものも含む残額全てを一括して記入）
なお、相手先が「役員、株主又は関係会社」である場合には、当該事項も含めて100口となるように記入してください。
② 期末現在高を自社の支店又は事業所別等で記入（支店又は事業所等の名称を「名称（氏名）」欄に記入するとともに、「期末現在高」欄にその支店又は事業所等の合計金額（50万円未満のものも含む合計金額）を記入）
なお、記載口数が100口を超えるか否かは、仮払金と前渡金との合計口数で判断してください。
5. 「摘要」欄には、例えば「機械設備の購入手付金」、「仮払税金」等と記入してください。

貸付金及び受取利息の内訳書

貸付先 名称（氏名）	貸付先 所在地（住所）	貸付先 法人・代表者との関係	期末現在高 円	期中の受取利息額 円	利率 %	担保の内容（物件の種類、数量、所在地等）
鈴木　龍馬	広島市南区南蟹屋二丁目51-63		5,513,489			
鈴木ちづる	広島市南区宇品	株主	1,643,184			
㈱メジャー	広島市南区宇品	関係会社	742,910			
合計			7,899,583			

（注）1．貸付先別期末現在高が50万円以上のものについては各別に記入し、その他は一括して記入してください。

2．貸付先が「役員、株主又は関係会社」のものについては、期末現在高が50万円未満であっても全て各別に記入してください。また、「期末現在高がないものであっても期中の受取利息額（未収利息を含みます。）が3万円以上」のものについては、各別に記入してください。

3．上記1により記載すべき口数が100口を超える場合には、次の①又は②の方法により記入しても差し支えありません。

① 期末現在高の多額なものから100口についてのみ記入（この場合、100口目には50万円未満のものも含む残額全てを一括して記入）なお、「貸付先が役員、株主又は関係会社のもの」又は「期末現在高がないものであっても期中の受取利息額（未収利息を含みます。）が3万円以上のもの」がある場合には、当該事項も含めて100口となるように記入してください。

② 期末現在高を自社の支店又は事業所別等で記入（支店又は事業所等の名称を「名称（氏名）」欄に記入するとともに、「期末現在高」欄及び「期中の受取利息額」欄にその支店又は事業所等の合計金額（50万円未満のものも含む合計金額）を記入）

4．「利率」欄には、同一の貸付先に対する利率が2以上ある場合には、そのうち期末に近い時期における受取利息の利率を記入してください。

⑤

広島第一工業株式会社

棚卸資産(商品又は製品、半製品、仕掛品、原材料、貯蔵品)の内訳書

科目	品目	数量	単価 円	期末現在高 円	摘要
製品				18,316,410	明細事務所保管
原材料				4,902,460	明細事務所保管
仕掛品				2,530,746	明細事務所保管

合　計				25,749,616	

（注）1.「科目」欄には、商品又は製品、半製品、仕掛品（半成工事を含みます。）、原材料、貯蔵品、作業くず、副産物等のように記入してください。

なお、記載口数が100口を超える場合には、期末現在高の多額なものから100口についてのみ記入しても差し支えありません。

2.「品目」欄には、例えば「紳士用革靴」のように記入し、それ以上細分して記入しなくても差し支えありません。

3. 評価換えを行った場合には、「摘要」欄に「評価損○○○円」のようにその評価増減額を記入してください。

⑥

広島第一工業株式会社

有価証券の内訳書

区分 種類 銘柄	期末現在高 数量	期末現在高 金額（円）	異動年月日 異動事由	期中増（減）の明細 数量	期中増（減）の明細 金額（円）	期中増（減）の明細 売却（買入）先の名称（氏名） 売却（買入）先の所在地（住所）	摘要
売買 株式 ㈱オレンジトンボ		2,346,130	. .				
売買 株式 ㈲オイスターズ		1,561,304	. .				
売買 株式 オコノミックス㈱		878,558	. .				
計		4,785,992	. .				
			. .				
その他 株式 ㈱メジャー		5,000,000	. .				関連会社
			. .				
			. .				
			. .				

			・　・				
			・　・				
			・　・				
			・　・				
			・　・				
			・　・				
合　計		9,785,992					

(注)　1. 「区分」には、「売買目的有価証券」、「満期保有目的等有価証券」又は「その他有価証券」の別に「売買」、「満期」又は「その他」を記入してください。

なお、記載口数が100口を超える場合には、期末現在高の多額なものから100口についてのみ記入しても差し支えありません。

2. 売買目的有価証券に属する有価証券については、「期末現在高」欄の上欄に時価評価前の帳簿価額を記入し、下欄にその時価評価した後の金額を記入し、それ以外のものについては、下欄に帳簿価額を記入してください。

また、「計」欄には、下欄の合計を記入してください。

3. 「期中増（減）の明細」の各欄は、期末現在高がないものであっても期中において「売却」、「買入」、「増資払込」、「評価換」等を行った場合に記入してください。

4. 証券会社等を通じて売却又は買入をした場合は、その証券会社名等を「売却（買入）先の名称（氏名）」欄に記入してください。

5. 「摘要」欄には、関係会社のものであるときはその旨を記入してください。

固定資産（土地、土地の上に存する権利及び建物に限る。）の内訳書

種類・構造	用途	面積（㎡）	期末現在高（円）	期中取得（処分）の明細 異動年月日	取得（処分）価額	売却（購入）先の名称（氏名）	売却物件の取得年月
物件の所在地				異動事由	異動直前の帳簿価額（円）	売却（購入）先の所在地（住所）	
土地	工場		25,000,000	. .			.
土地	マンション		73,000,000	. .			.
			98,000,000	. .			.
計							
				. .			.
				. .			.

		・ ・			・
		・ ・			・
		・ ・			・
		・ ・			・
合　　計	98,000,000	・ ・			・

（注）1.「期中取得（処分）の明細」の各欄は、期末現在高がないものであっても期中において売却、購入又は評価換えを行った場合に記入してください。
　なお、記載口数が100口を超える場合には、期末現在高の多額なものから100口についてのみ記入しても差し支えありません。
2. 同一種類又は同一所在地のものについて、多数の売却先又は購入先がある場合には、売却先又は購入先ごとに記入してください。
3. 外国法人又は非居住者から購入したものについては、「売却（購入）先の所在地（住所）」欄には、国外の所在地（住所）を記入してください。

買掛金(未払金·未払費用)の内訳書

科目	相手先 名称(氏名)	相手先 所在地(住所)	期末現在高 円	摘要
買掛金	若鷹金属㈱	福岡県福岡市中央	7,213,046	
買掛金	㈱青葉	仙台市宮城野区	2,104,684	
買掛金	㈱北海道大日本ゴム	札幌市豊平区	521,016	
買掛金	その他		1,730,518	
計			11,569,264	
未払費用	ゴリックスカーゴ㈱	大阪市西区	3,215,460	
未払費用	㈱横浜一番星	横浜市中区	1,560,486	
未払費用	北武運輸㈱	所沢市上山口	513,641	
未払費用	その他		482,666	
計			5,772,253	

合　計			17,341,517	

(注)　1. 「科目」欄には、買掛金、未払金、未払費用の別を記入してください。

2. 相手先別期末現在高が50万円以上のもの（50万円以上のものが5口未満のときは期末現在高の多額なものから5口程度）については各別に記入し、その他は一括して記入してください。

3. 上記2により記載すべき口数が100口を超える場合には、次の①又は②の方法により記入しても差し支えありません。

① 期末現在高の多額なものから100口についてのみ記入（この場合、100口目には50万円未満のものも含む残額全てを一括して記入）

② 期末現在高を自社の支店又は事業所別等で記入（支店又は事業所等の名称を「名称（氏名）」欄に記入するとともに、「期末現在高」欄にその支店又は事業所等の合計金額（50万円未満のものも含む合計金額）を記入）

なお、記載口数が100口を超えるか否かは、買掛金、未払金及び未払費用との合計口数で判断してください。

4. 未払金については、その取引内容を「摘要」欄に記入してください。

なお、上記3②の記載方法による場合には、記入しなくても差し支えありません。

5. 配当金又は法人税法第2条第15号に規定する役員に対する賞与（使用人兼務役員に対する使用人職務分の賞与を除きます。）のうち未払となっているものがある場合には、次の欄にその内訳を記入してください。

未払配当金	支払確定年月日	期末現在高　円	未払役員賞与	支払確定年月日	期末現在高　円
	・　・			・　・	
	・　・			・　・	

広島第一工業株式会社

仮受金(前受金・預り金)の内訳書

科目	相手先 名称(氏名)	相手先 所在地(住所)	相手先 法人・代表者との関係	期末現在高(円)	摘要
前受家賃				660,000	6月分家賃
預り金				263,101	源泉所得税
預り金				328,100	住民税
計				591,201	
預り敷金				1,320,000	

合　計					[illegible]

(注) 1. 「科目」欄には、仮受金、前受金、預り金の別を記入してください。
2. 相手先別期末現在高が50万円以上のものについては各別に記入してください。
3. 相手先が「役員、株主又は関係会社」のものについては、期末現在高が50万円未満であっても全て各別に記入してください。
4. 上記2による記載すべき口数が100口を超える場合には、次の①又は②の方法により記入しても差し支えありません。
① 期末現在高の多額なものから100口についてのみ記入（この場合、100口目には50万円未満のものも含む残額全てを一括して記入）
なお、相手先が「役員、株主又は関係会社」である場合には、当該事項も含めて100口となるように記入してください。
② 期末現在高を自社の支店又は事業所別等で記入（支店又は事業所等の名称を「名称（氏名）」欄に記入するとともに、「期末現在高」欄にその支店又は事業所等の合計金額（50万円未満のものも含む合計金額）を記入）
なお、記載口数が100口を超えるか否かは、仮受金、前受金及び預り金との合計口数で判断してください。
5. 「摘要」欄には、例えば「受注工事の前受金」、「源泉所得税預り金」等と記入してください。
なお、上記4②の記載方法による場合には、記入しなくても差し支えありません。
6. 社内預金である場合には、「相手先」欄に「社内預金」と、「期末現在高」欄に期末現在高の合計額を、「摘要」欄には期中の支払利子額（未払利子を含みます。）をそれぞれ記入してください。

源泉所得税預り金の内訳

支払年月 年	月分	所得の種類	期末現在高 円	支払年月 年	月分	所得の種類	期末現在高 円
2	5	給与所得	263,101				
						合　計	263,101

(注) 「所得の種類」欄には、給与所得は「給」、退職所得は「退」、報酬・料金等は「報」、利子所得は「利」、配当所得は「配」、非居住者等所得は「非」と簡記してください。

借入金及び支払利子の内訳書

借入先			期末現在高	期中の支払利子額	利率	担保の内容
名称（氏名）	所在地（住所）	法人・代表者との関係	円	円	%	(物件の種類、数量、所在地等)
山陽銀行			235,200,000	3,307,281		
東洋信用金庫			32,500,000	401,324		
商農組合中央金庫			18,750,000	234,410		
	長期借入金　計		286,450,000	3,943,015		
山陽銀行			19,600,000			
東洋信用金庫			6,500,000			
商農組合中央金庫			3,750,000			

[illegible]			[illegible]			
	短期借入金　計		31,150,000			
合　計			317,600,000	3,943,015		

(注)　1. 借入先別期末現在高が50万円以上のものについては各別に記入し、その他は一括して記入してください。

2. 借入先が「役員、株主又は関係会社」のものについては、期末現在高が50万円未満であっても全て各別に記入してください。
また、「期末現在高がないものであっても期中の支払利子額（未払利子を含みます。）が3万円以上」のものについては、各別に記入してください。

3. 上記1により記載すべき口数が100口を超える場合には、次の①又は②の方法により記入しても差し支えありません。

①　期末現在高の多額なものから100口についてのみ記入（この場合、100口目には50万円未満のものも含む残額全てを一括して記入）
なお、「借入先が役員、株主又は関係会社のもの」又は「期末現在高がないものであっても期中の支払利子額（未払利子を含みます。）が3万円以上のもの」がある場合には、当該事項も含めて100口となるように記入してください。

②　期末現在高を自社の支店又は事業所別等で記入（支店又は事業所等の名称を「名称（氏名）」欄に記入するとともに、「期末現在高」欄及び「期中の支払利子額」欄にその支店又は事業所等の合計金額（50万円未満のものも含む合計金額）を記入）

4. 「利率」欄には、同一の借入先に対する利率が2以上ある場合には、そのうち期末に近い時期における支払利子の利率を記入してください。

5. 外国法人又は非居住者から借り入れたものについては、「所在地（住所）」欄には、国外の所在地（住所）を記入してください。

広島第一工業株式会社

役員給与等の内訳書

役職名 担当業務	氏名 住所	代表者との関係	常勤・非常勤の別	役員給与等の内訳 役員給与計 円	左の内訳 使用人職務分 円	使用人職務分以外 定期同額給与 円	事前確定届出給与 円	業績連動給与 円	その他 円	退職給与 円
代表取締役	鈴木　龍馬 広島市南区南蟹屋二丁目51-63		(常)・非	12,000,000		12,000,000				
取締役	鈴木　翔太 広島市西区横川		(常)・非	6,000,000		6,000,000				
取締役	菊池　久義 広島市安佐南区大町		(常)・非	6,000,000		6,000,000				
			常・非							
			常・非							
			常・非							
			常・非							
			常・非							

		非							
		常・非							
計			24,000,000		24,000,000				

人　件　費　の　内　訳

区　分		総　額（円）	総額のうち代表者及びその家族分（円）
役　員　給　与		24,000,000	
従　業　員	給　与　手　当	14,892,350	
	賃　金　手　当	68,114,802	
計		107,007,152	

(注)　1.　役員給与等の内訳の記載に当たっては、最上段には代表者分を記入してください（他の役員についての記入順は任意）。
2.　「役員給与計」欄には、役員に対して支給する給与の金額のほか賞与の金額を含み、退職給与の金額を除いた金額を記入してください。
3.　「左の内訳」の「使用人職務分」欄には、使用人兼務役員に支給した使用人職務分給与の金額を記入してください。
4.　「使用人職務分以外」の「定期同額給与」欄には、その支給時期が1月以下の一定期間ごとであり、かつ、当該事業年度の各支給時期における支給額が同額である給与など法人税法第34条第1項第1号に掲げる給与の金額を記入してください。
5.　「使用人職務分以外」の「事前確定届出給与」欄には、その役員の職務につき所定の時期に確定した額の金銭又は確定した数の株式若しくは新株予約権若しくは確定した額の金銭債権に係る法人税法第54条第1項に規定する特定譲渡制限付株式若しくは同法第54条の2第1項に規定する特定新株予約権を交付する旨の定めに基づいて支給する同法第34条第1項第2号に掲げる給与の金額を記入してください。
6.　「使用人職務分以外」の「業績連動給与」欄には、業務を執行する役員に対して支給する法人税法第34条第1項第3号に掲げる給与の金額を記入してください。
7.　「使用人職務分以外」の「その他」欄には、上記4.5.6以外の給与の金額を記入してください。
8.　「従業員」の「給与手当」欄には、事務員の給料・賞与等一般管理費に含まれるものを記入し、「賃金手当」欄には、工員等の賃金等製造原価（又は売上原価）に算入されるものを記入してください。

広島第一工業株式会社

地代家賃等の内訳書

地代・家賃の区分	借地（借家）物件の用途 所在地	貸主の名称（氏名） 貸主の所在地（住所）	支払対象期間 支払賃借料 円	摘要
家賃	本社 広島市中区上八丁堀33番88号	丸　智宏 東京都文京区	1・6・1～　2・5・31 5,280,000	
地代	本社 広島市中区上八丁堀33番88号	新井　知憲 兵庫県西宮市	1・6・1～　2・5・31 1,056,000	
地代	駐車場 広島市中区上八丁堀33番55号	松山　祐輔 広島市中区	1・6・1～　2・5・31 1,056,000	
合　計			7,392,000	

支払先の所在地（住所）	支払年月日	支払金額 円	権利金等の内容	摘要
	・　・			
	・　・			
	・　・			

（注）1. 借地又は借家に際して支払った権利金等がある場合には、「権利金等の期中支払の内訳」の各欄に記入してください。
なお、記載口数が100口を超える場合には、支払賃借料又は支払金額の多額なものから100口についてのみ記入しても差し支えありません。
2. 権利金等を数回に分けて支払っている場合には、支払年月日ごとに記入してください。
3. 外国法人又は非居住者に支払うものについては、「貸主の所在地（住所）」及び「支払先の所在地（住所）」の各欄には、国外の所在地（住所）を記入してください。

工業所有権等の使用料の内訳書

名称	支払先の名称（氏名） 支払先の所在地（住所）	契約期間	使用料等 支払対象期間	使用料等 支払金額 円	摘要
		・　～　・	・　～　・		
		・　～　・	・　～　・		
		・　～　・	・　～　・		

（注）1. 「名称」欄には、特許権、実用新案権、意匠権及び商標権等の名称を記入してください。
なお、記載口数が100口を超える場合には、支払金額の多額なものから100口についてのみ記入しても差し支えありません。
2. 外国法人又は非居住者に支払うものについては、「支払先の所在地（住所）」欄には、国外の所在地（住所）を記入してください。

No.5　資産別固定資産減価償却内訳表

5100 広島第一工業株式会社

資産別固定資

物件名称	数量	償却方法	取得 使用	耐用年数	償却率	期間	取得価額	期首帳簿価
【　建物（定額）　】								
1 - 00 工場	1	旧定額	H15. 6 H15. 6	38	0.027	12	58,000,000	38,268,4
2 - 00 マンション	1	定額	H25. 6 H25. 6	47	0.022	12	96,000,000	87,552,0
※ 資 産 計 ※　建物（定額）							154,000,000	125,820,4
【建物付属設備（定率）】								
3 - 00 電気設備（工場）	1	旧定率	H15. 6 H15. 6	15	0.142	12	11,200,000	1,312,3
4 - 00 給排水衛生設備（工場）	1	旧定率	H15. 6 H15. 6	15	0.142	12	7,200,000	843,6
5 - 00 ガス設備（工場）	1	旧定率	H15. 6 H15. 6	15	0.142	12	3,800,000	445,2
6 - 00 電気設備（マンション）	1	定率	H25. 6 H25. 6	15	0.133	12	18,400,000	10,396,6
7 - 00 給排水衛生設備（マンション）	1	定率	H25. 6 H25. 6	15	0.133	12	12,300,000	6,949,9
8 - 00 ガス設備（マンション）	1	定率	H25. 6 H25. 6	15	0.133	12	6,500,000	3,672,7
※ 資 産 計 ※　建物付属設備（定率）							59,400,000	23,620,5
【　機械装置　】								
16 - 00 スポーツ用品製造業用設備	1	旧定率	H15. 6 H15. 6	10	12/60	12	21,560,000	862,4
17 - 00 スポーツ用品製造業用設備	1	定率	H25. 9 H25. 9	10	0.200	12	45,396,000	17,704,4
※ 資 産 計 ※　機械装置							66,956,000	18,566,8
【　車両運搬具　】								
9 - 00 アテンザ	1	定率	H28. 4 H28. 4	6	0.333	12	4,500,000	4,250,2
※ 資 産 計 ※　車両運搬具							4,500,000	4,250,2

価償却内訳表

自 令和 1年 6月 1日
至 令和 2年 5月 31日

増減額	普通償却額	特別(割増)償却額	当期減損損失額 当期償却額	当期償却限度額	期末帳簿価額	(減損損失累計額) 償却累計額	備考
	1,409,400		1,409,400	1,409,400	36,859,000	21,141,000	
	2,112,000		2,112,000	2,112,000	85,440,000	10,560,000	
	3,521,400		3,521,400	3,521,400	122,299,000	31,701,000	
	186,350		186,350	186,350	1,125,974	10,074,026	
	119,796		119,796	119,796	723,842	6,476,158	
	63,226		63,226	63,226	382,029	3,417,971	
	1,382,757		1,382,757	1,382,757	9,013,913	9,386,087	
	924,343		924,343	924,343	6,025,605	6,274,395	
	488,474		488,474	488,474	3,184,263	3,315,737	
	3,164,946		3,164,946	3,164,946	20,455,626	38,944,374	
	215,599		215,599	215,599	646,802	20,913,198	償却基礎 1,077,999
	3,540,888		3,540,888	3,540,888	14,163,553	31,232,447	
	3,756,487		3,756,487	3,756,487	14,810,355	52,145,645	
				1,415,333	4,250,250	249,750	
				1,415,333	4,250,250	249,750	

5100 広島第一工業株式会社

資産別固定資

物　件　名　称	数 量	償却方法	取 得 使 用	耐用年数	償却率	期間	取得価額	期首帳簿価
【　器具及び備品　】								
10 - 00 応接セット一式	1	定率	H26. 8 H26. 8	8	0.250	12	1,260,000	561,0
11 - 00 エアコン	3	定率	H26. 8 H26. 8	6	0.333	12	960,000	308,5
13 - 00 事務機器一式	1	定率	H26. 8 H26. 8	8	0.250	12	840,000	374,0
14 - 00 複合機	1	定率	H26. 8 H26. 8	5	0.500	12	540,000	129,6
15 - 00 電話設備一式	1	定率	H26. 8 H26. 8	6	0.333	12	420,000	135,0
※ 資 産 計 ※　器具及び備品							4,020,000	1,508,3
【　無形固定資産　】								
12 - 00 ソフトウェア	1	定額	H26. 8 H26. 8	5	0.200	12	4,960,000	1,322,6
※ 資 産 計 ※　無形固定資産							4,960,000	1,322,6
※ 合 計 ※							293,836,000	175,089,0

減価償却内訳表

自 令和 1年　6月　1日
至 令和 2年　5月 31日

期増減額	普通償却額	特別(割増)償却額	当期減損損失額 当期償却額	当期償却限度額	期末帳簿価額	(減損損失累計額) 償却累計額	備考
	140,273		140,273	140,273	420,821	839,179	
	102,755		102,755	102,755	205,821	754,179	
	93,515		93,515	93,515	280,548	559,452	
	64,800		64,800	64,800	64,800	475,200	改定価額 129,600
	44,955		44,955	44,955	90,048	329,952	
	446,298		446,298	446,298	1,062,038	2,957,962	
	992,000		992,000	992,000	330,667	4,629,333	
	992,000		992,000	992,000	330,667	4,629,333	
	11,881,131		11,881,131	13,296,464	163,207,936	130,628,064	

No.6　年度別一括償却資産明細書

5100 広島第一工業株式会社

年度別一括償

物件名称	取得年月日 使用年月日	数量	取得価額	期首帳簿価
【平30年 6月 ～ 令 1年 5月】				
18 - 00 パソコン	H 31/03/15 H 31/03/15	3	561,000	
※年度計※			561,000	374,
※合　計※			561,000	374,

No.7　年度別少額減価償却資産明細書

5100 広島第一工業株式会社

年度別少額減価償

物件名称	数量	取得年月日
【　令和 1年度　】		
19 - 00 パソコン	1	R 1. 8. 1
※年度計※　令和 1年度		
※合計※		

産明細書

自 令和 1年 6月 1日
至 令和 2年 5月 31日

増加額	当期損金算入限度額	当期損金算入額	期末帳簿価額	損金算入累計額	備考
	187,000	187,000	187,000	374,000	
	187,000	187,000	187,000	374,000	

産明細書

自 令和 1年 6月 1日
至 令和 2年 5月 31日

開始年月日	取得価額	備考
1. 8. 1	275,000	措法67の5
	275,000	
	275,000	

法人事業概況説明書

税務署受付印

FB1006

別添「法人事業概況説明書の書き方」を参考に記載し、法人税申告書等に一部添付して提出してください。
なお、記載欄が不足する項目につきましては、お手数ですが、適宜の用紙に別途記載の上、添付願います。

OCR入力用（この用紙は機械で読み取ります。折ったり汚し

この用紙はとじこまないでください

整理番号	

法人名	事業年度	税務署処理欄
屋号（　　　　） 広島第一工業株式会社 電話（××）××－××	自 平成・〇令和 1年 6月 1日 至 令和 2年 5月 31日	
法人番号	自社ホームページの有無 〇有 ・ 無	（自社ホームページアドレス） https://www.hiroshimadaiichikogyo.com

1 事業内容

（その他製造　　　）業
スポーツ用品製造業

2 支店・子会社の状況

(1) 支店		
国内	支店・店舗数	1
海外	支店・店舗数	
	所在地国1	従業員数
	所在地国2	従業員数

(2) 子会社		
国内	国内子会社の数	
海外	海外子会社の数	うち出資割合が50%以上の海外子会社の数
	子会社名称	出資割合% ％
	子会社名称	出資割合% ％

3 海外取引状況

(1) 取引種類	輸入	輸出	〇無	取引金額（百万円）
輸入	相手国	主な商品		
輸出	相手国	主な商品		

(2) 海外取引以外の出入 ：有（手数料・ロイヤルティー・役務の提供）／〇無（証券の売買・金銭の貸借・不動産の売買）／その他（　　　）

4 期末従事員等の状況

(1) 期末従事員の状況	
常勤役員	3
従業員	19

5 PC利用

(1) PC利用	〇有 ・ 無
(2) PCのOS	〇Windows ・ Mac ・ Linux ・ その他（　　）
(3) PCの利用形態	〇財務管理 ・ 〇給与管理 ・ 在庫・販売管理 ・ 生産管理
(4) 会計ソフトの利用等	〇有 ・ 無
(5) 会計ソフト名	皐月会計

8 経理

(1) 管理者 区分	氏名	代表者との関係
現金	鈴木ひとみ	〇親族 ・ 他人
通帳	鈴木ひとみ	〇親族 ・ 他人

(2) 試算表の作成状況：〇毎月 ・ おおむね月ごと ・ 決算時のみ

(3) 源泉徴収：〇給与 ・ 〇報酬・料金 ・ 〇利子等

ないでください。）

の状況	人） 計のうちアルバイト数	0	
	(2) 賃金の定め方	◯ A固定給 ／ B歩合給 ／ AB併用	
	(3) 社宅・寮の有無	◯ 有 ／ 無	
6 販売形態	(1) 電子商取引（インターネット取引）	有：売上 ／ 有：仕入 ／ 有：経費 ／ ◯ 無	
	(2) 販売チャネル 注1	自社ＨＰ ／ 他社ＨＰ	
7株主又は株式所有異動の有無		有 ／ ◯ 無	
状況 消費税	経理方式	税抜経理方式 ／ ◯ 税込経理方式	
(5) 社内監査	実施の有無	有 ／ ◯ 無	
	（　　　）		
9役員又は役員報酬額の異動の有無		有 ／ ◯ 無	

「10主要科目」・「11代表者に対する報酬等の金額」の各欄は、千円単位で記載してください。

10 主要科目（単位・千円） ※各科目の単位：千円

科目	金額	科目	金額
売上（収入）高	23,830,5	特別損失	
上記のうち兼業売上（収入）高		税引前当期損益	3,370
売上（収入）原価	15,163,7	資産の部合計（負債の部合計＋純資産の部合計）	406,163
売上原価のうち 期首棚卸高	26,702	資産のうち 現金預金	65,470
原材料費（仕入高）注2	32,430	受取手形 ※貸倒引当金控除前	
労務費 ※福利厚生費等を除いてください	68,115	売掛金 ※貸倒引当金控除前、注3	28,018
外注費	17,304	棚卸資産（未成工事支出金）	25,750
期末棚卸高	25,749	貸付金	7,900
減価償却費	6,527	建物 ※減価償却累計額控除後	122,299
地代家賃	1,056	機械装置 ※減価償却累計額控除後	14,810
売上（収入）総利益	86,667	車両・船舶 ※減価償却累計額控除後	4,250
販管費のうち 役員報酬	24,000	土地	98,000
従業員給料	14,892	負債の部合計（資産の部合計－純資産の部合計）	342,261
交際費	8,676	負債のうち 支払手形	
減価償却費	5,816	買掛金 注3	11,569
地代家賃	6,336	個人借入金	1,300
営業損益	-6,983	その他借入金	316,300
特別利益	6,166	純資産の部合計（資産の部合計－負債の部合計）	63,903

注4 **11 代表者に対する報酬等の金額** ※各科目の単位：千円

報酬	12,000	貸付金	5,513	仮払金	
賃借料		支払利息		借入金	
				仮受金	

注1 (1)の有・売上欄に該当がある場合
注2 運送業においては燃料費、金融業・保険代理業においては、支払利息割引料を記載してください。
注3 金融業・保険代理業においては、売掛金欄には未収利息、買掛金欄には未払利息を記載してください。
注4 「11代表者に対する報酬等の金額」の各欄は貴社(貴法人)が同族会社の場合に記載してください。

12 事業形態		
(1) 兼業の状況	(兼業種目) (兼業割合) %	
	広島市南区に賃貸用マンションを保有しており、現在満室である	
(2) 事業内容の特異性	スポーツ用品を製造・販売する。オーダーメイド・カスタマイズにも対応している。季節による変動が大きい。	

(3) 売上区分	現金売上	3.0 %	掛売上	97.0 %

13 主な設備等の状況

申告書の内訳明細書等に記載のとおり

14 決済日等の状況

売上	締切日	末日	決済日	末日
仕入	締切日	末日	決済日	末日
外注費	締切日	末日	決済日	20日
給料	締切日	末日	支給日	25日

16 税理士の関与状況

(1)氏名	税理士法人もみじパートナーズ　奥田　拓郎
(2)事務所所在地	広島市東区牛田早稲田96
(3)電話番号	××-××-××
(4)関与状況	○申告書の作成　◌調査立会　◌税務相談 ○決算書の作成　○伝票の整理　○補助簿の記帳 ○総勘定元帳の記帳　○源泉徴収関係事務

15 帳簿書類の

帳簿書類の名称	
現金出納帳	
受注簿	
発注簿	
作業指示簿	

17 加入組

(役職名)

状況	商品受払簿	
	営業日報	

の状況	営業時間	開店　　時　　閉店　　時
	定休日	毎週（毎月）　　曜日（　　日）

「18月別の売上高等の状況」欄の単位にご注意願います。

18 月別の売上高等の状況

月別	売上（収入）金額		仕入金額		外注費	人件費	源泉徴収税額		従事員数
	スポーツ用品	不動産							
6月	千円 10,089	千円 660	千円	千円	千円	千円	円	千円	人
7月	10,101	660							
8月	18,057	660							
9月	9,100	660							
10月	9,900	660							
11月	9,801	660							
12月	9,702	660							
1月	8,023	660							
2月	9,407	660							
3月	81,032	660							
4月	48,090	660							
5月	15,002	660							
計	238,304	7,920							
前期の実績	247,105	7,920							

19 当期の営業成績の概要

当期は新型コロナウイルスの影響を多少受けたもののエンドユーザーの消費行動は落ち込まず、当社主力商品やその他関連商品の売上は堅調に推移した。

DAI·ICHI
HOKI